大展好書　好書大展
品嘗好書　冠群可期

大展好書　好書大展

品嘗好書・冠群可期

武術健身叢書

5

謝志奎　創編

國家體育總局武術運動管理中心　審定

流星健身球

大展出版社有限公司

國家圖書館出版品預行編目資料

流星健身球／謝志奎　創編　國家體育總局武術運動管理中心　審定
　　──初版，──臺北市，大展，2013〔民102.02〕
　　　面；21公分 ──（武術健身叢書；5）
　　ISBN　978-957-468-930-9（平裝）
1.球類運動
528.959　　　　　　　　　　　　　　　　　　101025647

流星健身球

創 編 者／謝 志 奎
審　　定／國家體育總局武術運動管理中心
責任編輯／謝 建 平
發 行 人／蔡 森 明
出 版 者／大展出版社有限公司
社　　址／台北市北投區（石牌）致遠一路2段12巷1號
電　　話／（02）28236031・28236033・28233123
傳　　眞／（02）28272069
郵政劃撥／01669551
網　　址／www.dah-jaan.com.tw
E - mail ／service@dah-jaan.com.tw
登 記 證／局版臺業字第2171號
承 印 者／傳興印刷有限公司
裝　　訂／建鑫裝訂有限公司
排 版 者／弘益電腦排版有限公司
授 權 者／北京人民體育出版社
初版1刷／2012年（民101年）2月

定　　價／200元

「武術健身方法」評審領導小組

組　長：王玉龍
副組長：楊戰旗　　李小傑　　郝懷木
成　員：樊　義　　杜良智　　陳惠良

「武術健身方法」評審委員會

主　任：康戈武
副主任：江百龍
委　員：虞定海　　楊柏龍　　郝懷木

「武術健身方法」創編者

《九式太極操》　張旭光
《天罡拳十二式》　馬志富
《形意強身功》　林建華
《太極藤球功》　劉德榮
《雙人太極球》　于　海
《五形動法》　王安平
《流星健身球》　謝志奎
《龜鶴拳養生操》　張鴻俊

序　言

為「全民健身與奧運同行」主題活動增光添彩

國家體育總局武術運動管理中心主任　王筱麟

　　當前，恰逢國家體育總局宣導在全國開展「全民健身與奧運同行」主題系列活動，喜迎 2008 年北京奧運會之機，《武術健身方法叢書》的面世具有特殊意義，可慶可賀。

　　這套叢書推出的龜鶴拳養生操、天罡拳十二式、太極藤球功、流星健身球、五形動法、九式太極操、雙人太極球、形意強身功八個武術健身方法，是國家體育總局武術運動管理中心依據國家體育總局體武字〔2002〕256 號《關於在全國徵集武術健身方法的通知》精神，成立了評審工作領導小組，同時聘請有關專家組成評審委員會，對廣泛徵集起來的申報材料，按照所選方法必須具備科學性、健身性、群眾性及觀賞性的原則，認認真真地評選出來的。這中間嚴格按照「堅持優選、寧缺勿濫」的要求，經歷了粗篩、初評、面向社會展示、徵求意見、修改、完善、終審等多個階段的審核。現奉獻給社會的這八個武術健身方法，既飽含著原創編者們的辛勞，也凝結有相關專家、學者及許多觀眾的智慧。可以說，是有關領導和眾多名人志士的心血澆灌培育起

來的八朵鮮花。2004年10月，這八個方法首次在鄭州第1屆國際傳統武術節上亮相，初展其姿就贏得了與會62個國家和地區代表們的一致喝彩，紛紛稱讚說觀賞其表演是一種藝術享受。一些代表還建議將這些健身方法推廣到全國乃至世界各地。2005年8月8日，這八個方法還被國家體育總局授予「全國優秀全民健身項目一等獎」。

國際奧會批准武術這個項目在2008年北京奧運會期間舉行比賽，這是武術進軍奧運歷程中的一座極其重要的里程碑，是值得全世界武林同仁熱烈慶賀的盛事。

最近，國家體育總局劉鵬局長在全國群眾體育工作會議上的講話指出：「廣泛組織開展『全民健身與奧運同行』主題活動，可以最大限度地激發人民群眾參加健身的熱情，並使這種熱情與迎接奧運的激情緊密結合，形成在籌備奧運過程中體育健兒緊張備戰、人民群眾積極熱身的良性互動局面。」對武術工作而言，我們在這一大好形勢下，一方面要紮紮實實做好國家武術代表隊的集訓工作，積極備戰，爭取「北京2008武術比賽」的優異成績，為國爭光；另一方面要採取各種形式把全國億萬民眾吸引到武術健身的熱潮中，向世人展示作為武術發源地的中國確實是武術泱泱大國的光輝形象。兩者相輔相成，相得益彰，共同為武術走向世界、造福人類作貢獻。

我們隆重推出這八個武術健身方法，對於後者是可以大有裨益的。我們將配合出版發行相關書籍、音像製品等，舉辦教練員、裁判員、運動員培訓班，組織全國性乃至國際性的武術健身方法比賽等活動，努力為「全民健身與奧運同行」主題系列活動增光添彩。

創編者簡介

謝志奎，1930年生。自幼隨家人習武，14歲拜在北京花拳名師、人稱京城怪俠的宋德泉門下，苦度酷暑嚴寒，夜武二更，爲此後從事武術教學、訓練及研究工作奠定了紮實的基礎。

1959年參加第1屆全國運動會，任北京武術隊隊長。賽後留任首都體育學院，從事武術專業教學工作近50年。曾任武術教研室主任，培養出的武術專業人才遍佈於全國及世界各地。

原任北京市武術協會副秘書長，海澱區、東城區、首都體育學院武協副主席，花拳研究會會長，戳腳翻子研究會副會長，日本東京太極拳協會總教練。

多次執筆武術理論及競賽規則，參與全國、全市傳統武術的挖掘整理工作；撰編大、中、小學教材以及武術專著、論文數十篇。

出版了《中國刀術》《太極棍》《太極劍》外文版。應中國新聞社邀請拍攝了《健身太極拳》在世界各地播映。應教育部聘請拍攝的《武術教學講座》40講在中央電視臺教育頻道播放。編導了《武術集錦》《傳統武術大全》《青年拳》。還拍攝了《42式太極

拳》《42式太極劍》《32式太極劍》《24式太極拳》
外文版。近期新編創了「太極36掌」「連環扇」。

　　2003年所創編的「流星健身球」被北京市評選為
「第二批優秀健身項目」，並經國家體育總局武術運
動管理中心組織專家評選後，參加國際傳統武術節展
示，獲「全國優秀全民健身項目一等獎」。

　　曾數十次擔任國際、國內武術比賽的總、副總裁
判長，仲裁主任委員，獲「優秀裁判員」獎、「全國
精神文明」獎、「關注青少年成長」獎。

目　錄

一、流星健身球的創編思路
及器械結構

（一）創編思路

流星健身球是借鑒中國民族傳統武術的風格特點、吸取現代體育運動的表現形式創編而成的一種新型軟器械運動套路。它綜合了傳統武術中軟器械（九節鞭、繩標、流星錘等）項目的圓周和弧線運動表現形式，吸取了硬器械項目中雙刀、槍、棍的腕花、大小舞花等技術，同時把健美操、藝術體操項目所表現的節奏明快、舒展大方、韻律美融入套路中。

整套動作由易到難，由簡到繁，變化多樣，給人以視覺上動感美的享受，展現了傳統武術的形貌，符合現代大眾體育健身的潮流，是一項傳統與現代相結合的新型健身運動。

流星健身球動作的命名是根據每一節動作運動外形的特點，以形象化、意境化的傳統武術名稱命名的，如風擺荷葉、蒼龍回首、鳳凰展翅、白猿背桃等。

這樣命名生動有趣、意義深遠，不僅可以激發學習者的想像力，便於聯想、記憶動作，而且體現了中華民族傳統武術所特有的文化內涵。

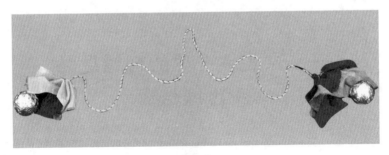

圖 1

（二）器械結構

流星健身球的器械由一根尼龍繩兩端連接兩個球組成（圖1）。球是由特種橡膠製成的實心球，直徑為8公分，重100克。球體柔軟，彈性好，安全耐用無害，用錫箔紙包裹，銀光閃亮。尼龍繩長2～3公尺，球繩上紮上彩綢。

運動過程中，兩球在人體周圍做各個方向的運動，球的運動軌跡形成立圓、平圓，有放有收，快慢相間，剛柔相濟，變化無窮，恰似不斷運動著的流星，所以，形象地稱之為「流星健身球」。

二、流星健身球的主要特點

(一)套路設計的普遍性與適應性

流星健身球套路編排共12節，每節動作為4×8拍，完成整套動作的時間為4分鐘。

由簡到繁，前後呼應，運動量可大可小，均由練習者自主控制。配有曲調悅耳、節奏感強的音樂，青年人練習可以培養活潑歡快、健康向上的朝氣，增強體質；中老年人練習能開闊心胸，體現沉穩大方的精神面貌，還可改善體質、延年益壽。練習的形式可個人、可集體，還可在大型活動中表演。

(二)弧形與圓的完美結合

流星健身球套路主要吸取了傳統武術中某些器械的舞花，並給予變異和充實，豐富了舞花的內容。舞花貫穿套路始終，充分體現運動的弧形與圓的完美結合，是流星健身球的突出特點之一。

舞花技術強調以腰、肩、肘、腕的柔勁引導兩球的旋轉，不可使用拙力，生拉硬拽。舞動時，全神貫注，意識

領先，意動身隨，主導於腰，帶動肩，催於肘，傳於腕，形於球，相呼應地加之步型、步法及眼神的配合，節節貫串，一動全身動，完整一體。

傳統武術的舞花內含攻防，快速有力，動與靜節奏分明，起伏變化較大，而流星健身球是針對大眾健身創編的，舞花的速度以中、慢速為主，連貫圓活，勢勢相連，形與意相融，以意導形，內外兼修，更有利於現代人強身健體、延年益壽。

（三）身與械的高度協調

流星健身球是人與器械同為一體的高度協調的運動項目。不斷變化的弧與圓巧妙結合，連綿不斷，身、械融於一圓之中，全身齊動，整體一致。

三、流星健身球的鍛鍊價值

(一)心理價值

流星健身球是人球互動、連續不斷的全身運動，完成動作要以腰為軸，以心帶身，身心放鬆，全神貫注，注意力高度集中，達到人控制球、球隨人動的意境，不僅能提高人的注意力和自我控制能力，還能增加人的自我成就感和自豪感，同時抑制和消除某些不良情緒。

以傳統武術命名（風擺荷葉、順風掌舵、披荊斬棘等），豐富了人的想像力、形象思維能力和聯想能力。流星健身球學習的過程是：記住形象名稱→激發形象思維→激發對動作形象的聯想→進入動作意境→享受動作的美感。這個過程不斷被強化，對優化大腦功能，特別是對中老年人腦力退化有預防和改善的作用。

流星健身球配合音樂伴奏，將節奏感與運動美結合起來，能豐富人的感官刺激（聽覺、視覺、觸覺、機體），提高學練的興趣和氣氛。

(二)生理價值

習練流星健身球不僅能最大限度地鍛鍊腰肌、背肌、

胸肌、肋間肌、上肢肌群和下肢肌群，提高肌肉的力量，而且能加強心臟功能，加速血液循環，減少血液的黏滯性，保持血管彈性。

練習過程中，由自然呼吸逐漸過渡到腹式呼吸，能促進胸廓運動，加大肺活量，有益於心肺功能。

習練流星健身球時，上肢做各種舞花，軀幹做轉體運動，動作變化多樣，全身各部位相互協調，保持不同程度的緊張，這對提高大腦皮質的壓力反應，有效促進大腦保持良好的興奮狀態有一定的作用。人控制球做連續不斷的圓周運動，既能促進前庭感受器的穩定性，又能反射性地使肌肉張力重新分配和調整，有利於提高身體的平衡能力和協調能力。

流星健身球的特殊運動方式，不但能促進全身肌肉群的平衡能力，保持肌肉活動的協調性，而且能提高大肌肉群的力量，發展小肌肉群，同時各關節的靈活性、韌帶的柔韌性也能得到鍛鍊，提高了組織的自我修復能力，因此對運動系統的傷病有預防和輔助康復的功效。

（三）社會效益

流星健身球在傳統武術的基礎上發展創新，不但能吸引更多的武術愛好者，也適合於各階層人群健身，可在大、中、小學推廣，還可在大型活動中表演，具有健身、欣賞、娛樂、表演價值，市場開發空間較大。

圖 2   圖 3

圖 4

四、流星健身球的基本技術

（一）持球法

1. **三指持球**：拇、食、中三指內屈，捏住球的根部。
（圖2）

2. **順握持球**：五指握繩，拇、食指捏繩，其餘三指鬆
握。動作中多用此法。（圖3）

3. **扣握持球**：手心朝下，四指在上、拇指在下握繩。
蝶花、放與收用此法。（圖4）

圖 5

4. **掛繩**：取繩的中點掛在頸部。（圖5）

5. **滑把**：運動中兩手鬆握繩，隨動作變化，繩在手掌中滑動調整。

（二）擺的技術與類別

1. **擺**：繩掛在頸部，兩手握繩，以肩關節為軸，臂長為半徑擺動，球劃弧180°。

2. **類別**

（1）**體側擺**

① 兩球向前擺與肩齊平，向後擺45°。

② 左（右）球向前擺與肩齊平，右（左）球向後擺45°。

（2）**體前擺**

① 兩球同時由下向左、右兩側擺起，與肩齊平，隨即

向體前交叉擺（右臂在上）45°。

②兩球同時左（右）擺，同側球擺起與肩平，異側球向左（右）擺起45°。

（三）掄的技術與類別

1. **掄**：繩掛在頸部，兩手握繩，以肩為軸，肘、腕繞環帶動球轉360°。

2. **類別**

（1）單手體側掄

①一手附腰，一手握繩，屈臂仰腕在體側前後掄成立圓。

②一手附腰，一手握繩，直臂直腕在體側前後掄成立圓。

（2）雙手體側掄

①兩手在身體兩側屈臂仰腕，同時向前或向後掄成立圓。

②兩手在身體兩側屈臂仰腕，左（右）球向前、右（左）球向後掄成立圓。

（3）單手體前掄

①一手附腰，一手握繩，在體前向外（內）掄成立圓。

②一手附腰，一手在體前直臂前伸，並向下屈腕（五指朝下），球在臂下向外（內）掄成平圓。

③一手附腰，一臂上舉（五指朝上），球在頭上方向外（內）掄成平圓。

（4）雙手體前掄

①屈臂順握，兩球在體前向左（右）掄成立圓。

②屈臂順握，兩球在體前左（右）手由外向內、右（左）手由外向內同時掄成立圓（或依次由外向內）。

③屈臂順握，兩球在體前左（右）手由內向外、右（左）手由內向外同時掄成立圓（或依次由內向外）。

④兩球從身體兩側向前掄至前上方，兩臂交叉，右臂在上，手心向下（上），兩球向異側後掄。

⑤雙臂一前一後，兩球向體前依次掄成立圓（正大舞花）。

⑥雙臂一前一後，兩球向體後依次掄成立圓（反大舞花）。

⑦單臂，兩球上、下向異側交叉掄成立圓（蝶花）。

（四）舞花的技巧

1. 擺或掄開始前

擺或掄在啟動前要向異側微微預擺，然後再向運動方向加速掄起。

2. 球按軌跡運動

球的運動軌跡是預定的，大圓、小圓、斜圓、平圓、立圓不斷變化，緊緊相扣，週而復始。規範的舞花要圓滿，無凹凸，技巧體現在兩手於動態中求穩定，控制平衡，順勢而行。

3. 腰、肩、手腳的配合

肩是舞圓的中心，要穩定，雙肩開合要大，不可聳肩；肘要鬆垂，不可抬肘；腕與手擺位要準確；腰配合掄擺，隨球而轉動，尤其是大舞花，幅度更要加大。兩腳進退，落點要準而有力，虛實分明，球身一體。

4. 方向變化的技巧

雙肩鬆垂，肩關節拉長是兩球轉變方向的主要技巧。

舉例說明：當兩球擺至體前同肩平時，接兩球後擺，為了讓兩球前擺、後擺到位，防止繩變彎曲、兩球上翹的弊病（翹尾巴），要沉肩、鬆肩，拉長肩關節，增大運動半徑，減低球速，才能使球與繩成直線。

5. 加速運動和慣性

舞花是利用球的加速度和慣性來完成動作的週期性運動。加速度的時機是球掄至水平後，在球下落時給予加速度，時間短，用力小（從外觀看動作並不明顯）。球過最低點後利用球的慣性向上運動。

人隨球勢，悠然自得，毫不費力，循環往復。

五、流星健身球動作圖解

(一)動作名稱

(二)動作圖解

起勢　併步持球

併步站立（面南）；球繩中間掛在頸部；雙手三指持球，繩垂於身體兩側；目視前方。（圖6）

圖6

圖7

圖8

第一節　持球揮舞

1×8拍

1、2拍　併步抱球：兩臂屈肘；兩球收抱於腰兩側。
（圖7）

3、4拍　併步對球：兩球從腰側劃外弧向體前擺於胸
前方相對。（圖8）

圖9

圖10

5、6拍　半蹲蓋球：

① 兩球左上、右下分開。（圖9）

② 上體微右轉，兩腿屈膝半蹲；左手球從左上方向右下蓋於右臂前方，手心朝下，右手球收抱於腰側；目視左球。（圖10）

7、8拍　點步舉球：

兩腿伸直，左腳上前，腳尖點地，重心在右腿，上體微左轉；左手球收抱於腰

圖11

側，右手直臂向上舉球，至頭右上方；頭左轉，目視左方。（圖11）

圖 12

圖 13

2×8拍

2、2拍 提膝舉球：

左腿屈膝提於體前，左腳自然下垂；左臂伸直向上，球舉於頭左側，右臂屈肘，球收於腰側；頭右轉，目視前方。（圖12）

3、4拍 弓步架衝：

① 上體微左轉，左腳向左側落步，腳尖外擺，成半馬步；同時，左手球從上

圖 14

向左側下擺，球與左腳上下相對；頭左轉，目視左方。（圖13）

② 左腿屈膝，右腿伸直，成左弓步；左手球擺於頭左上方，同時，右手球從腰側直臂向前衝出。（圖14）

圖15

圖16

5、6拍　雙球移擺：

① 重心移至右腿，屈右膝，左腿伸直，成右弓步；同時，兩球經體前擺於身體右側；頭隨球轉動，目視右方。（圖15）

② 上體左轉，重心移至左腿，屈左膝，成左弓步；同時，兩球隨轉體經頭上方擺於身體左側；目視兩球。（圖16）

圖 17

圖 18

7拍　併步抱球：左腳向右腳併步；同時，兩球收抱於腰兩側；目視前方。（圖17）

8拍　併步放球：上體微右轉；兩球從腰側向右下方放出，兩手滑把捏住球繩；目視右前下方。（圖18）

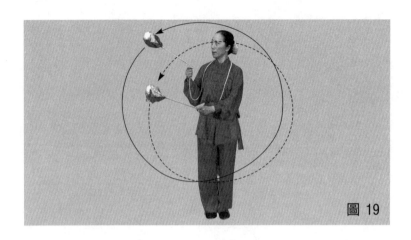

圖 19

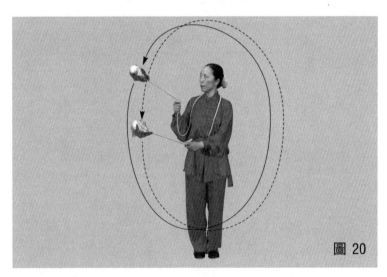

圖 20

第二節　風擺荷葉

1×8拍

1拍：接上節。兩球從右下方向左、向上、向右在體前屈臂掄一圈。（圖19）

圖21

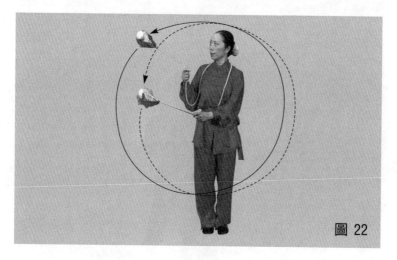

圖22

2拍：兩球順勢在體前屈臂再掄一圈。（圖20）

3拍：兩球從右向下、向上直臂掄起，隨即屈臂，兩球在體前掄一大圈。（圖21）

4拍：兩球順勢在體前屈臂又掄一圈。（圖22）

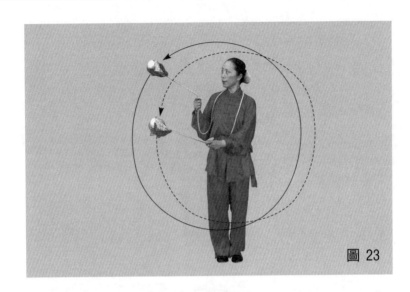

圖 23

圖 24

5拍：兩球動作同1×8拍第4拍。（圖23）

6拍：兩球動作同1×8拍第4拍。（圖24）

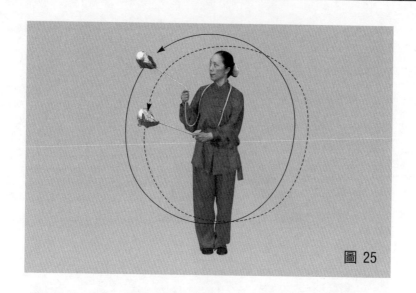

圖 25

圖 26

7拍：兩球動作同1×8拍第3拍。（圖25）

8拍：兩球動作同1×8拍第4拍。（圖26）

圖 27

圖 28

2×8拍

2拍：上體左轉，左腳向左上步，屈膝成左弓步；同時，兩球從右向下、向左直臂擺平。（圖27）

2拍：左腿直起，上體右轉；兩球從左向下、向右、向上、向左屈臂掄一圈。（圖28）

圖29

圖30

　　3拍：上體右轉，右腿屈膝，成右弓步；同時，兩球從左向下、向右直臂擺平。（圖29）

　　4拍：右腿直起，上體左轉；兩球從右向下、向左、向上、向右屈臂掄一圈。（圖30）

圖 31

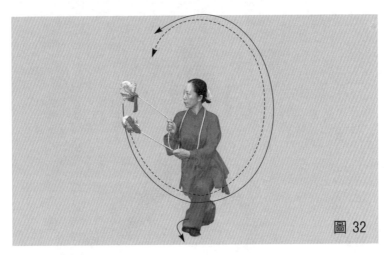

圖 32

5拍：重心左移，右腳向左後插步成歇步；同時，兩球隨插步從右向下、向左、向上、向右屈臂掄一圈。（圖31）

6拍：歇步不動；兩球順勢再掄一圈。（圖32）

7拍：兩腿直起，右腳向左腳併步；同時，兩球從右向下、向左、向右上方掄起；目視雙球。（圖33）

圖 33

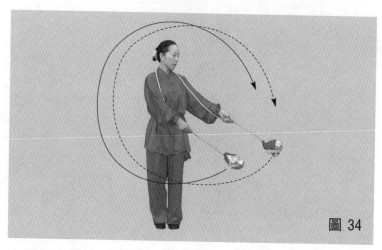

圖 34

8拍：右腳向右橫跨一步，左腳隨之向右腳併步；兩球從右上方向下、向左擺至左下方。（圖34）

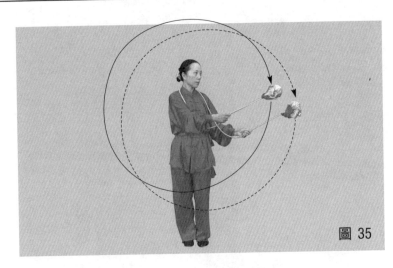

圖 35

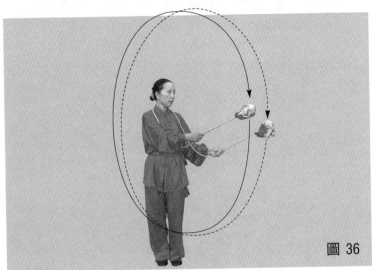

圖 36

3×8拍

3拍：兩球從左下方向右、向上、向左在體前屈臂掄一圈。（圖35）

2拍：兩球順勢在體前屈臂再掄一圈。（圖36）

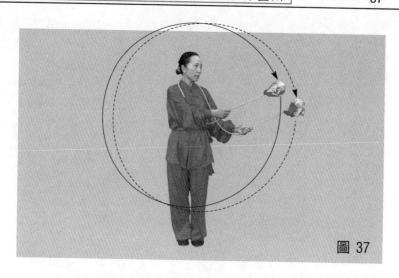

圖37

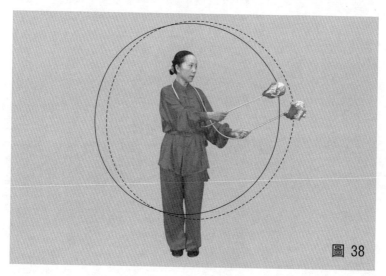

圖38

　　3拍：兩球從左向下、向上直臂掄起，隨即屈臂，兩球在體前掄一大圈。（圖37）
　　4拍：兩球從左順勢在體前屈臂又掄一圈。（圖38）

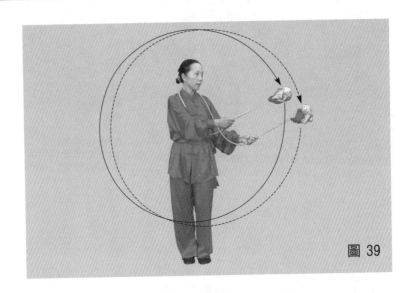

圖 39

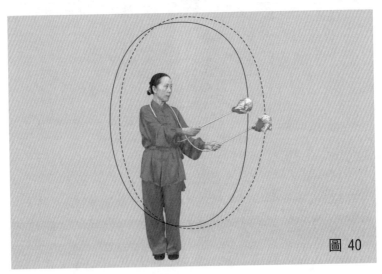

圖 40

5拍：兩球動作同3×8拍第4拍。（圖39）

6拍：兩球動作同3×8拍第4拍。（圖40）

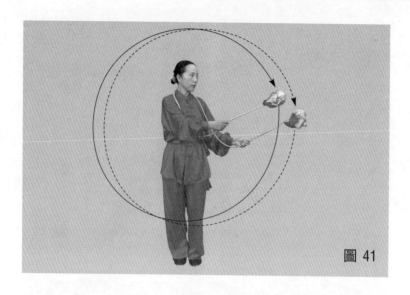

圖 41

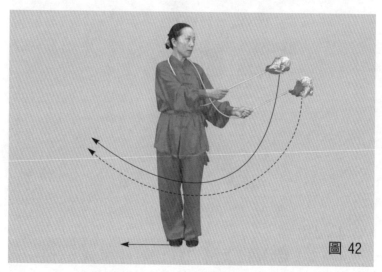

圖 42

7拍：兩球動作同3×8拍第3拍。（圖41）

8拍：兩球動作同3×8拍第4拍。（圖42）

圖43

圖44

4×8拍

4拍：上體右轉，右腳向右上步，屈膝成右弓步；同時，兩球從左向下、向右直臂擺平。（圖43）

2拍：右腿直起，上體左轉，兩球從右向下、向左、向上、向右屈臂掄一圈。（圖44）

圖 45

圖 46

　　3拍：上體左轉，左腿屈膝，成左弓步；同時，兩球從右向下、向左直臂擺平。（圖45）

　　4拍：左腿直起，上體右轉；兩球從左向下、向右、向上、向左屈臂掄一圈。（圖46）

圖 47

圖 48

5拍：重心右移，左腳向右後插步成歇步；同時，兩球隨插步從左向下、向右、向上、向左屈臂掄一圈。（圖47）

6拍：歇步不動；兩球順勢再掄一圈。（圖48）

7拍：兩腿直起，左腳向左上步，上體左轉，重心在左腿；兩球隨轉體從左向下、向右、向左前上方掄起。

圖 49

圖 50

（圖49）

　　8拍：右腳上前與左腳併步；兩球從上經身體兩側向下擺至後下方。（圖50）

圖 51

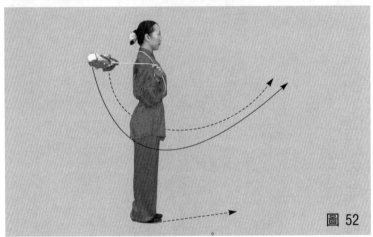

圖 52

第三節　順風轉舵

1×8拍

1拍：接上節。併步站立（面東），兩球從後下方經身體兩側向前、向上、向後屈臂掄一圈。（圖51）

2拍：兩球經身體兩側順勢再向後掄一圈。（圖52）

圖 53

圖 54

3拍：左腳向前上步屈膝成左弓步；同時，兩球從後經身體兩側向下、向前擺平。（圖53）

4拍：弓步不動；兩手從前向上舉臂甩腕，使兩球擊打背部。（圖54）

圖 55

圖 56

　　5拍：弓步不動；兩球借背部反彈力向上，隨即屈臂，球向前、向下、向後經身體兩側向前上方掄擺。（圖55）
　　6拍：左腿直起，上體右轉；兩球從左向下、向右、向上、向左在體前屈臂掄一圈。（圖56）

圖 57

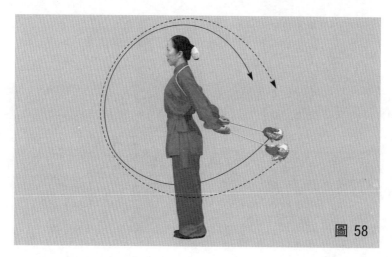

圖 58

7拍：上體右轉，右腿屈膝成右弓步；兩球從左向下、向前擺平。（圖57）

8拍：左腳上前與右腳併步；兩球從前經身體兩側向下擺至後下方。（圖58）

圖59

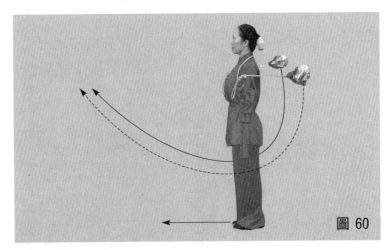

圖60

2×8拍

2拍：併步站立（面西），動作同1×8拍第1拍，唯方向相反。（圖59）

2拍：動作同1×8拍第2拍，唯方向相反。（圖60）

圖 61

圖 62

3拍：右腳向前上步，屈膝成右弓步；同時，兩球從後經身體兩側向下、向前擺平。（圖61）

4拍：弓步不動；兩手從前向上舉臂甩腕，使兩球擊打背部。（圖62）

圖 63

圖 64

5拍：弓步不動；兩球借背部反彈力向上，隨即屈臂，球向前、向下、向後經身體兩側向前上方掄擺。（圖63）

6拍：右腿直起，上體左轉；兩球從右向下、向左、向上、向右在體前屈臂掄一圈。（圖64）

圖 65

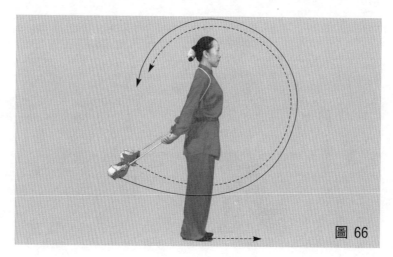

圖 66

7拍：上體左轉，左腿屈膝成左弓步；兩球從右向下、向前擺平。（圖65）

8拍：右腳上前與左腳併步；兩球從前經身體兩側向下擺至後下方。（圖66）

圖67

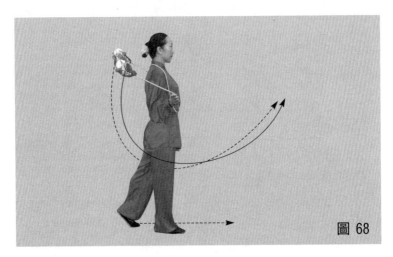

圖68

3×8拍

3拍：左腳向前上步；兩球從後下方經身體兩側向前、向上、向後屈臂掄一圈。（圖67）

2拍：右腳向前上步；兩球順勢掄一圈。（圖68）

圖 69

圖 70

　　3拍：左腳向前上步，屈膝成左弓步；同時，兩球從後經身體兩側向下、向前擺平。（圖69）

　　4拍：動作同1×8拍第4拍。（圖70）

圖 71

圖 72

5拍：動作同1×8拍第5拍。（圖71）

6拍：動作同1×8拍第6拍。（圖72）

圖 73

圖 74

7拍：動作同1×8拍第7拍。（圖73）

8拍：動作同1×8拍第8拍。（圖74）

圖75

圖76

4×8拍

4拍：右腳向前上步；兩球動作同3×8拍第1拍。
（圖75）

2拍：左腳向前上步；兩球動作同3×8拍第2拍。
（圖76）

圖 77

圖 78

　　3拍：右腳向前上一大步，屈膝成右弓步；兩球動作同3×8拍第3拍。（圖77）

　　4拍：動作同2×8拍第4拍。（圖78）

圖79

圖80

5拍：動作同2×8拍第5拍。（圖79）

6拍：動作同2×8拍第6拍。（圖80）

7拍：上體右轉，重心移至右腿；兩球從右向下、向

圖81

圖82

左、向右前上方擺起。（圖81）

　　8拍：上體左轉，重心左移，右腳向左腳併步；左手球隨轉體從上向左前下方直臂擺出；右手收於腰側，球擺至右側下方；目視左前方。（圖82）

圖 83

圖 84

第四節　披荆斬棘

1×8拍

1拍：接上節。左手球從左向下、向右、向上、向左在體前左掄一圈。（圖83）

2拍：上體微右轉，右腳向右開步，重心右移，左腳後跟提起；左手球從左向下、向右上方直臂擺起；目視左球。（圖84）

3拍：重心左移，兩腳開立；左手球從右上向下、向

圖 85

圖 86

左、向上、向右在體前屈臂掄一圈。（圖85）

　　4拍：上體微左轉，重心左移，右腳跟提起；左手球從右向下、向左上方直臂擺起；目視左球。（圖86）

圖 87

5拍：上體右轉，右腳稍右移，屈膝，成右弓步；左手球從左上向下隨轉體向右前上方直臂擺起，手心朝上；目視左球。（圖87）

6拍：弓步不動；左手球從右上向右後、向下、向右前上方在身體右側直臂掄一圈，手心朝下；目視左球。（圖88）

7拍：上體左轉，右腿直起；左手球隨轉體經身體左側直臂擺至頭左上方；目視左球。（圖89）

8拍：右腳向左腳併步；左手收至腰側，球從上擺至體側下方；右手球從右下直臂擺起；目視右前方。（圖90）

圖 88

圖 89

圖 90

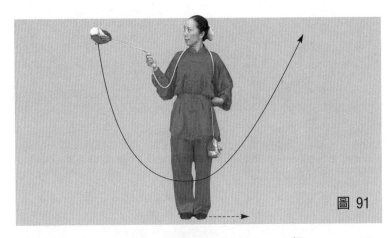

圖91

圖92

2×8拍

2拍：右手球從右向下、向左、向上、向右在體前掄一圈。（圖91）

2拍：上體微左轉，左腳向左開步，重心左移，右腳後跟提起；右手球從右向下、向左上方直臂擺起；目視右球。（圖92）

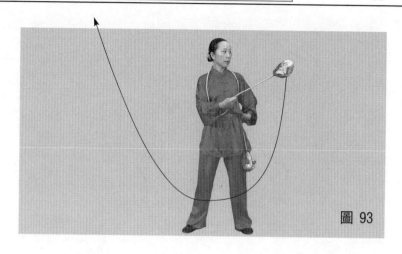

圖 93

圖 94

3拍：重心右移，兩腳開立；右手球從左上向下、向右、向上、向左在體前屈臂掄一圈。（圖93）

4拍：上體微右轉，重心右移，左腳後跟提起；右手球從左向下、向右上方直臂擺起；目視右球。（圖94）

圖 95

圖 96

5拍：上體左轉，左腳稍左移，屈膝，成左弓步；右手球從右上向下隨轉體向左前上方直臂擺起，手心朝上；目視右球。（圖95）

6拍：弓步不動；右手球從左上向左後、向下、向左前上方在身體左側直臂掄一圈，手心朝下；目視右球。

圖 97

圖 98

（圖96）

　　7拍：上體右轉，左腿直起；右手球隨轉體經身體右側直臂擺至頭右上方；目視右球。（圖97）

　　8拍：左腳向右腳併步；右手球從右上向下、向左下方擺，左手球同時擺至左下方；目視左下方。（圖98）

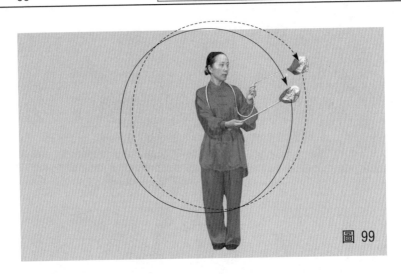

圖 99

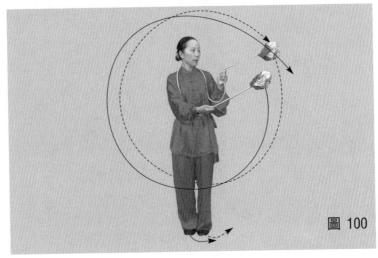

圖 100

3×8拍

3拍：兩球從左下方向下、向右、向上、向左在體前
屈臂掄一圈。（圖99）

2拍：兩球順勢屈臂再掄一圈。（圖100）

圖 101

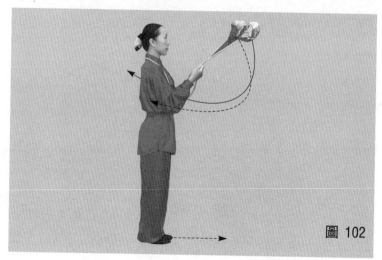

圖 102

3拍：兩腳同時向左外擺90°，身體隨之左轉；兩球分別從身體左、右側向下、向後、向上、向前屈臂掄一圈。（圖101）

4拍：兩球順勢從身體兩側屈臂再掄一圈。（圖102）

圖 103

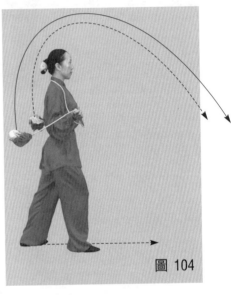

圖 104

　　5 拍：左腳向前上步；同時，兩前臂交叉（右臂在上），左球從左前向右側後下方掄擺，右球從右前向左側後下方掄擺。（圖103）

　　6 拍：右腳向前上步；同時，兩前臂向前左、右分開，手心朝上，左球從右側後下方向上、向前、向左側後方掄擺，右球從左側後下方向上、向前、向右側後下方掄擺。（圖104）

圖 105

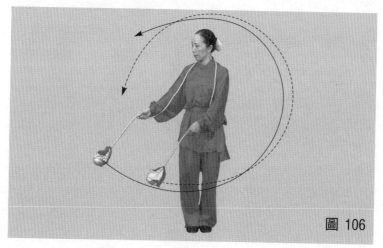

圖 106

7拍：左腳向前上步，屈膝成左弓步；兩球從後下方向上、向前直臂擺平。（圖105）

8拍：右腳尖外擺90°，上體右轉，左腳向右腳併步；兩球隨轉體向下、向右擺至右下方；目視右下方。（圖106）

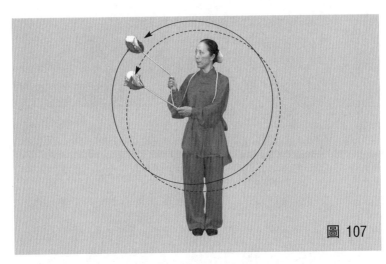

圖 107

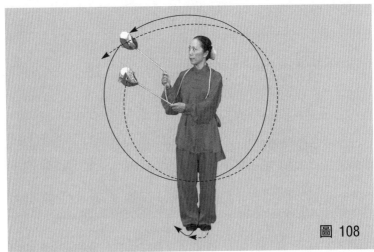

圖 108

4×8拍

　　4拍：兩球從右下方向左、向上、向右在體前屈臂掄
一圈。（圖107）

　　2拍：兩球順勢屈臂再掄一圈。（圖108）

圖 109

圖 110

3拍：兩腳同時向右外擺90°，上體隨之右轉；兩球分別從身體左、右側向下、向後、向上、向前屈臂掄一圈。（圖109）

4拍：兩球順勢從身體兩側屈臂再掄一圈。（圖110）

圖 111

圖 112

5拍：右腳向前上步；同時，兩前臂交叉（右臂在上），手心朝下，左球從左前向右側後下方掄擺，右球從右前向左側後下方掄擺。（圖111）

6拍：左腳向前上步；同時，兩前臂向前左、右分開，手心朝上，左球從右側後下方向上、向前、向左側後方掄擺，右球從左側後下方向上、向前、向右側後下方掄擺。（圖112）

圖 113

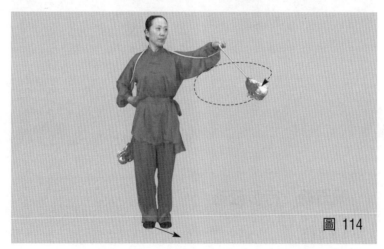

圖 114

7拍：右腳向前上步，屈膝成右弓步；兩球從後下方向上、向前直臂擺平。（圖113）

8拍：左腳尖外擺90°，上體左轉，右腳向左腳併步；右手收於腰側，球垂於下方；左臂向左前方直臂，球擺至左前下方；目視左前方。（圖114）

圖 115

圖 116

第五節　行步藏花

1×8拍

1拍：接上節。右腳向左前方上步，重心在左腿；左手球從前向右經左臂下向左、向前平掄一圈；目視左前方。（圖115）

2拍：重心前移至右腿，左腳後跟提起；左手球順勢經左臂下再平掄一圈。（圖116）

3拍：左腳向左前方上步，重心在右腿；左手球順勢

圖117

圖118

經左臂下再平掄一圈。（圖117）

　　4拍：重心前移至左腿，右腳後跟提起；左手球順勢經左臂下再平掄一圈。（圖118）

圖 119

圖 120

5拍：重心後移至右腿；左手球從前向右上、向左、向前在頭上方直臂平掄一圈。（圖119）

6拍：左腳向右後方退一步，重心後移至左腿；左手球從左前上方向右下、向左、向前在左臂下平掄一圈。（圖120）

圖 121

圖 122

　　7拍：右腳向右退步，兩腳成左右開立步；左手球從前
向右上、向左在頭上方直臂掄一圈；目視左球。（圖121）

　　8拍：上體右轉，重心前移至右腿，左腳後跟提起；同
時，左手從左上向胸前屈臂扣腕，球從前繞至體後擊打後
背。（圖122）

圖 123

圖 124

2×8拍

2拍：上體微左轉，左腳向右前方上步，重心在右腿；左手收於腰側；右臂向右前方抬起，球向前擺動，隨即向左經右臂下向右、向前平掄一圈；目視右前方。（圖123）

2拍：重心前移至左腿，右腳後跟提起；右手球順勢在右臂下再平掄一圈。（圖124）

圖 125

圖 126

3拍：右腿向右前方上步，重心在左腿；右手球順勢在右臂下再平掄一圈。（圖125）

4拍：重心前移至右腿，左腳後跟提起；右手球順勢在右臂下再平掄一圈。（圖126）

圖 127

圖 128

　　5拍：重心後移至左腿；右手球從前向左上、向右、向前在頭上方直臂平掄一圈。（圖127）

　　6拍：右腳向左後方退一步，重心後移至右腿；右手球從右前上方向左下、向右、向前在右臂下平掄一圈。（圖128）

圖 129

圖 130

7拍：左腳向左退步，兩腳成左右開立步；右手球從前向左上、向右在頭上方直臂平掄一圈；目視右球。（圖129）

8拍：上體左轉，重心前移至左腿，右腳後跟提起；同時，右手從右上向胸前屈臂扣腕，球從前繞至體後擊打後背。（圖130）

圖 131

圖 132

3×8拍

3拍：右腳向前上步，重心前移至右腿，左腳後跟提起；左手球從左下前擺，隨即向右經左臂下向左、向前平掄一圈；右手收於腰側，球擺至右側下方。（圖131）

2拍：左腳向前上步，重心移至左腿，右腳後跟提起；左手球從前向右上、向左、向前在頭上方直臂平掄一圈。（圖132）

圖 133

圖 134

　　3拍：右腳向前上步，重心移至右腿，左腳後跟提起；左手球從前上向右下經左臂下向左、向前平掄一圈。（圖133）

　　4拍：左腳向前上步，右腳在左腿內側提起；左手球從前向右上、向左、向前在頭上方直臂平掄一圈。（圖134）

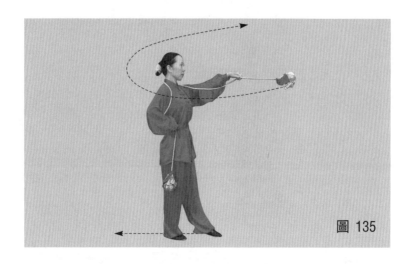

圖 135

圖 136

　　5拍：右腳向後落步，重心後移至右腿；左手球從前上
向右下經左臂下向左、向前平掄一圈。（圖135）

　　6拍：左腳向後退一步，重心後移至左腿；左手球從前
向右上、向左、向前在頭上方直臂平掄一圈。（圖136）

圖 137

圖 138

　　7拍：右腳向後退一步，兩腳成左右開立步，上體右轉；左手球從前上向右下經左臂下向左、向前平掄一圈。（圖137）

　　8拍：上體右轉，重心移至右腿，左腳後跟提起；左手從左向右擺，在胸前屈臂扣腕，球從前繞至體後擊打後背。（圖138）

圖 139

圖 140

4×8拍

4拍：左腳向前上步，重心移至左腿，右腳後跟提起；左手收於腰側，球擺至左側下方；右手球從右下前擺，隨即向左經右臂下向右、向前平摘一圈。（圖139）

2拍：右腳向前上步，重心移至右腿，左腳後跟提起；右手球從前向左上、向右、向前在頭上方直臂平摘一圈。（圖140）

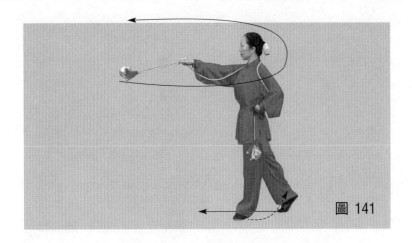

圖 141

圖 142

3拍：左腳向前上步，重心移至左腿，右腳後跟提起；右手球從前上向左下經右臂下向右、向前平掄一圈。（圖141）

4拍：右腳向前上步，左腳在右腿內側提起；右手球從前向左上、向右、向前在頭上方直臂平掄一圈。（圖142）

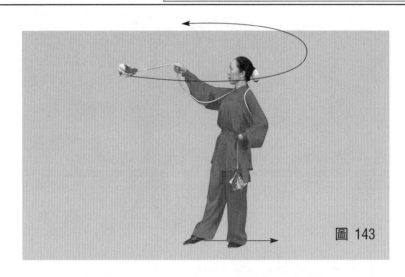

圖 143

圖 144

　　5拍：左腳向後落步，重心後移至左腿；右手球從前
上向左下經右臂下向右、向前平掄一圈。（圖143）
　　6拍：右腳向後退一步，重心移至右腿；右手球從前
向左上、向右、向前在頭上方直臂平掄一圈。（圖144）

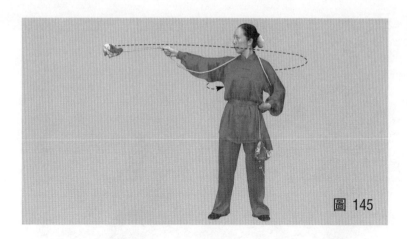

圖 145

圖 146

7拍：左腳向後退一步，兩腳成左右開立步，上體左轉；右手球從前上向左下經右臂下向右平掄一圈。（圖145）

8拍：上體左轉，重心移至左腿，右腳後跟提起；右手從右向左擺，在胸前屈臂扣腕，球從前繞至體後擊打後背。（圖146）

圖 147

圖 148

第六節　蒼龍回首

1×8拍

1拍：接上節。左腳向右腳併步，上體右轉；左臂在身體左側伸直，左手球從左向下在左臂前向右、向上、向左掄立圓一圈；目視左方。（圖147）

2拍：左手球從左向下經左臂後向右、向上、向左掄立圓一圈。（圖148）

3拍：左臂屈肘向下，左手位於腰左側後方，手心朝後，左手球隨屈肘從左向下經背後向右、向上、向左擺於

圖 149

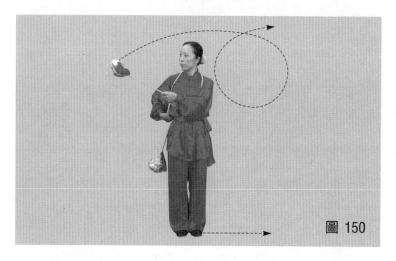

圖 150

左肘後側；球擺於背後時，上體微右轉，左肩微內扣。
（圖149）

4拍：上體微左轉；左手球從左肘後側向下、向右上
擺起。（圖150）

圖 151

圖 152

5拍：上體左轉，左腳向前上步，屈膝成左弓步；左手球從右向上、向前上、向下經左臂後側向右、向上、向前掄立圓一圈。（圖151）

6拍：上體前傾，然後向左擰腰，右腳後跟提起；同時，左手球上提，隨即向左後下方直臂放出，球與右腳相齊；目視左後下方。（圖152）

7拍：上體直起；左手球屈臂提於前上方，隨即向上經左臂後直臂向右、向下、向前上掄一圈，手心朝上。

圖 153

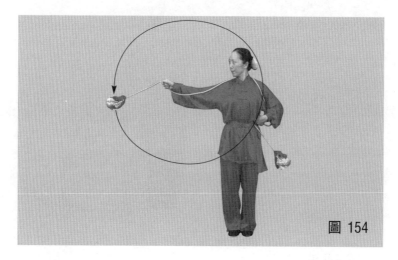

圖 154

（圖153）

8拍：上體右轉，左腳向右腳併步；同時，左手球隨轉體從左向右、向下經體前擺於左下方，左手收於腰側；右臂向右側直臂平舉，球擺至右前方；目視右球。（圖154）

圖 155

圖 156

2×8拍

2拍：右手球從右向下經右臂前向左、向上、向右掄立圓一圈。（圖 155）

2拍：右手球從右向下經右臂後向左、向上、向右掄立圓一圈。（圖 156）

圖 157

圖 158

　　3拍：右臂屈肘向下，右手位於腰右側後方，手心朝後；右手球隨屈肘從右向下經背後向上、向右擺於右肘後側；球擺於背後時，上體微左轉，右肩微內扣。（圖157）

　　4拍：上體微右轉；右手球從右肘後側向下、向左上擺起。（圖158）

圖 159

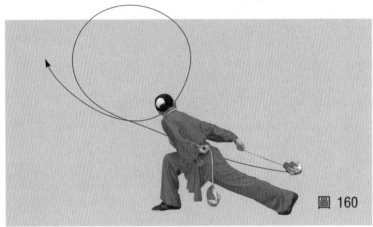

圖 160

5拍：上體右轉，右腳向前上步，屈膝成右弓步；右
手球從左向上、向前上、向下經右臂後側向左、向上、向
前上掄立圓一圈。（圖159）

6拍：上體前傾，然後向右擰腰；同時，右手球上
提，隨即向右後下方直臂放出，球與左腳相齊；目視右後
下方。（圖160）

圖 161

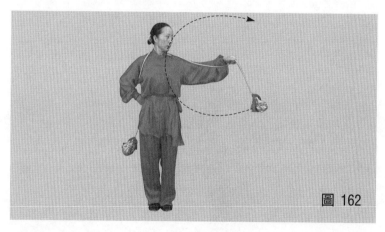

圖 162

7拍：上體直起，右手球屈臂提於前上方，隨即向上經右臂後直臂向左、向下、向前上掄一圈，手心朝上。（圖161）

8拍：上體左轉，右腳向左腳併步；同時，右手球隨轉體從右向左、向下經體前擺於右下方，右手收於腰側；左臂向左側直臂平舉，球擺至左側；目視左球。（圖162）

圖 163

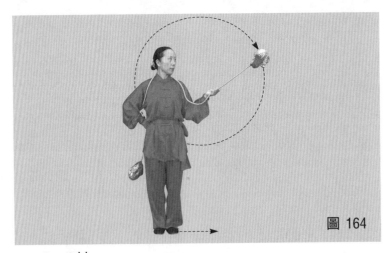

圖 164

3×8拍

3拍：併步站立（面南）；左手球從左向下、向右、向上、向左在體前屈臂掄一圈。（圖163）

2拍：左手球順勢在體前再掄一圈。（圖164）

3拍：上體左轉，左腳向前上步，腳尖外擺；同時，

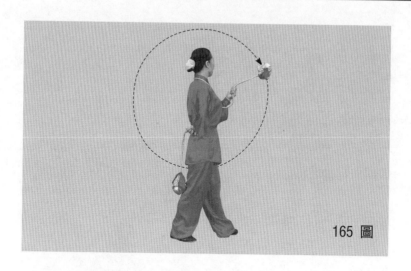

165 圖

圖 166

左手球隨轉體從前向下、向左、向上、向前屈臂掄一圈。
（圖165）

　　4拍：重心前移至左腿，右腳後跟提起；左手球順勢
屈臂再掄一圈。（圖166）

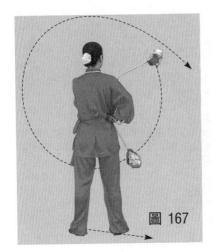

圖 167

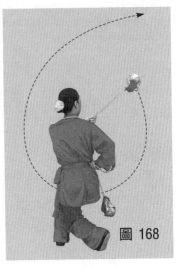

圖 168

5拍：右腳向前上步，腳尖內扣，上體微左轉；左手球從前向下、向左、向上、向右在體前屈臂掄一圈。（圖167）

6拍：左腳插向右後方成歇步；左手球從右向下、向左、向上、向右在體前掄一圈。（圖168）

7拍：兩腿直起，上體向左後轉，兩腳成左右開立步；左手球隨轉體從右向下、向上、向左上方直臂掄一圈；目視左球。（圖169）

8拍：右腳向左腳併步；左手球從左上向左下擺，左

圖 169

圖 170

手收於腰側；右臂向右側直臂平舉，球向右側擺起；目視右球。（圖170）

圖 171

圖 172

4×8拍

4拍：右手球從右向下、向左、向右上方屈臂掄一圈。（圖171）

2拍：右手球順勢在體前屈臂再掄一圈。（圖172）

圖 173

圖 174

3拍：上體右轉，右腳向前上步，腳尖外擺；同時，右手球隨轉體從前向下、向右、向上、向前屈臂掄一圈。（圖173）

4拍：重心前移至右腿，左腳後跟提起；右手球順勢屈臂再掄一圈。（圖174）

圖 175

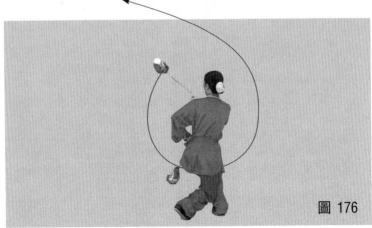

圖 176

5拍：左腳向前上步，腳尖內扣，上體微右轉；右手球從左向下、向右、向上、向左在體前屈臂掄一圈。（圖175）

6拍：右腳插向左後方成歇步；右手球從左向下、向右、向上、向左在體前掄一圈。（圖176）

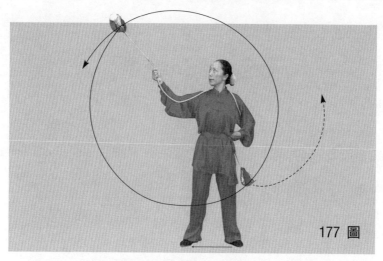

177 圖

圖 178

7拍：兩腿直起，上體右後轉，兩腳成左右開立步；右手球隨轉體從左向下、向上、向右上直臂掄一圈；目視右球。（圖177）

8拍：左腳向右腳併步；右手球從右上向下、向左、向上、向右直臂在體前掄一圈；左臂向左抬起，球向左側擺平。（圖178）

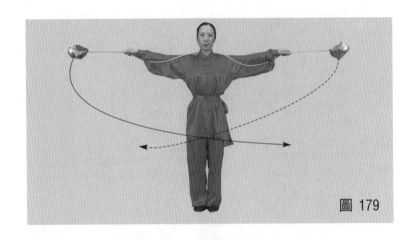

圖 179

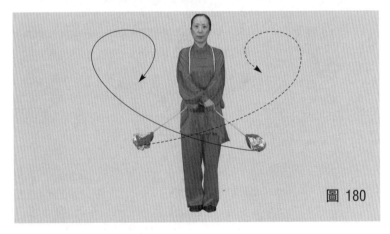

圖 180

第七節　鳳凰展翅

1×8拍

1拍：接上節。兩臂屈肘向下，兩球從左、右兩側向下、向胸前、向上直臂分向左、右兩側，各向外掄一圈。（圖179）

2拍：兩球在體前交叉（右臂在上），分向身體兩側

圖 181

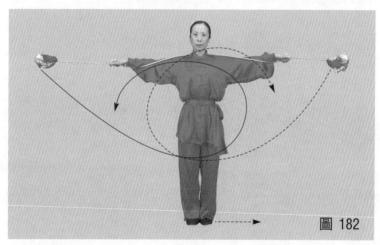

圖 182

斜下方。（圖180）

　3拍：兩球分向身體左、右兩側，隨即屈臂向上，兩球隨之上擺，經胸前擺至左、右斜下方。（圖181）

　4拍：兩前臂分別從左、右上方屈肘向內、向下、向兩側直臂，兩球隨之向左、右兩側擺平。（圖182）

圖 183

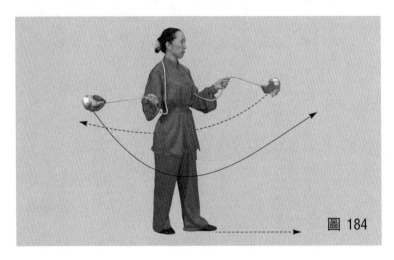

圖 184

　　5拍：上體左轉，左腳向前上步；左手球從前向下、
向後、向上、向前，右手球從後向下、向前、向上、向後
屈臂各在身體左、右側掄一圈。（圖183）
　　6拍：兩球順勢再掄一圈。（圖184）

圖 185

圖 186

　　7拍：左腳向前上一大步，屈膝前弓，腳尖外擺，右腿伸直，腳後跟提起，上體前傾，並向左擰腰；同時，左手球從前向下直臂後擺，球與右腳相齊，右手球從後向下直臂前擺，兩臂和球成一直線；頭左轉，目視左後下方。（圖185）

　　8拍：左腿直起，上體右轉，左腳向右腳併步；同時，兩球隨轉體向身體左、右兩側擺平。（圖186）

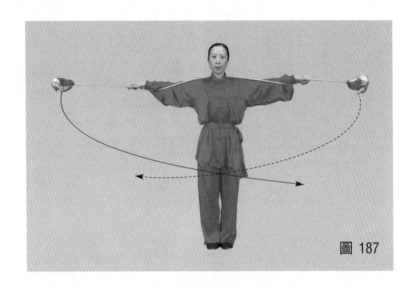

圖 187

圖 188

2×8拍

2拍：動作同1×8拍第1拍。（圖187）

2拍：動作同1×8拍第2拍。（圖188）

圖 189

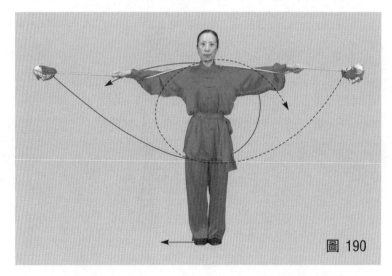

圖 190

3拍：動作同1×8拍第3拍。（圖189）

4拍：動作同1×8拍第4拍。（圖190）

圖 191

圖 192

5拍：上體右轉，右腳向前上步；兩球動作同1×8拍第5拍，唯方向相反。（圖191）

6拍：兩球動作同1×8拍第6拍，唯方向相反。（圖192）

圖193

圖194

7拍：右腳向前上一大步，屈膝前弓，腳尖外擺，左腿伸直，腳後跟提起，上體前傾，並向右擰腰；兩球動作同1×8拍第7拍，唯方向相反。（圖193）

8拍：右腿直起，上體左轉，右腳向左腳併步；同時，兩球隨轉體向左、右兩側擺平。（圖194）

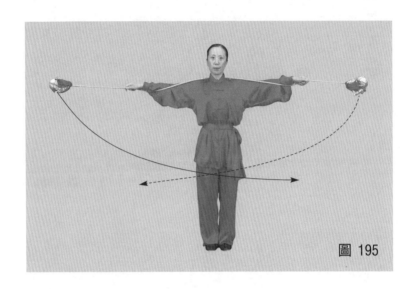

圖 195

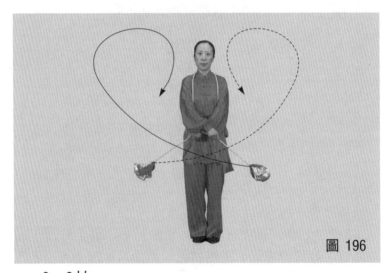

圖 196

3×8拍

3拍：動作同1×8拍第1拍。（圖195）

2拍：動作同1×8拍第2拍。（圖196）

圖 197

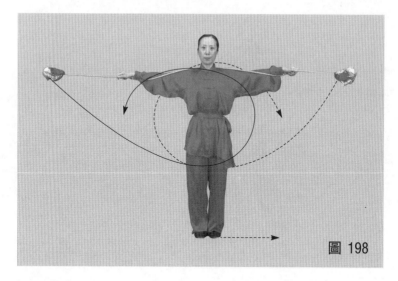

圖 198

3拍：動作同1×8拍第3拍。（圖197）

4拍：動作同1×8拍第4拍。（圖198）

圖 199

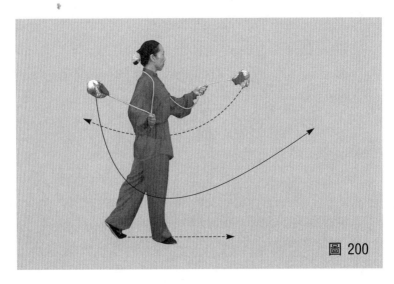

圖 200

　　5拍：上體左轉，左腳向前上步，重心前移至左腿，右腳後跟提起；兩球動作同1×8拍第5拍。（圖199）

圖 201

圖 202

　　6拍：右腳向前上步，重心前移至右腿，左腳後跟提
起；兩球動作同1×8拍第6拍。（圖200）
　　7拍：動作同1×8拍第7拍。（圖201）
　　8拍：動作同1×8拍第8拍。（圖202）

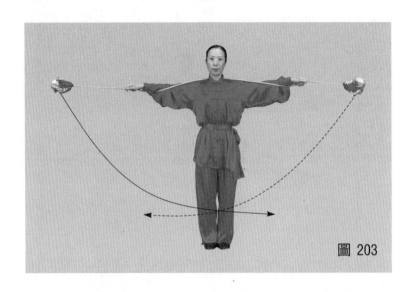

圖 203

圖 204

4×8拍

4拍：動作同2×8拍第1拍。（圖203）

2拍：動作同2×8拍第2拍。（圖204）

圖 205

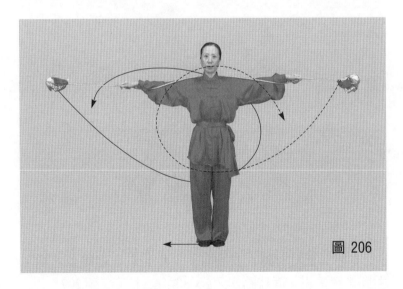

圖 206

3拍：動作同2×8拍第3拍。（圖205）

4拍：動作同2×8拍第4拍。（圖206）

圖 207

圖 208

5拍：上體右轉，右腳向前上步，重心前移至右腿，左腳後跟提起；兩球動作同2×8拍第5拍。（圖207）

6拍：左腳向前上步，重心前移至左腿，右腳後跟提起；兩球動作同2×8拍第6拍。（圖208）

圖 209

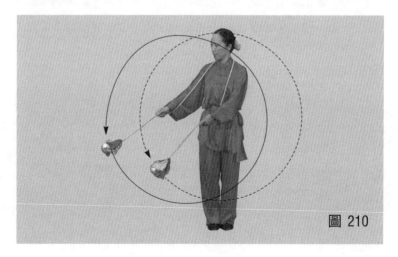

圖 210

7拍：動作同2×8拍第7拍。（圖209）

8拍：上體左轉，右腳向左腳併步；左手球隨轉體從右向下、向左側擺，隨即擺至右下方；右手球隨轉體從體後向下、向右擺，隨即向上、向左、向下屈臂在右臂內側掄一圈，隨後擺至右下方；目視右下方。（圖210）

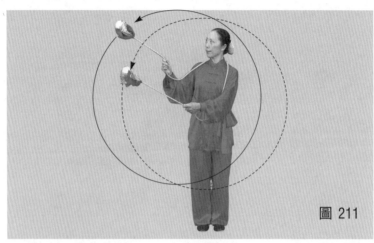

圖 211

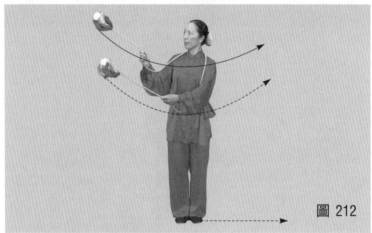

圖 212

第八節　白猿背桃

1×8拍

1拍：接上節。兩球從右下方向左、向上、向右在體前掄一圈。（圖211）

2拍：兩球順勢在體前再掄一圈。（圖212）

圖 213

圖 214

3拍：左腳向左橫跨一大步，身體左轉；同時，兩球從右向下、向左擺出；目視左側。（圖213）

4拍：左腿屈膝，成左弓步；同時，左臂上舉，左手球從前向上，手腕後甩，右手球從右水平向後，手腕扣甩，兩球同時擊打後背；頭右轉，目視右方。（圖214）

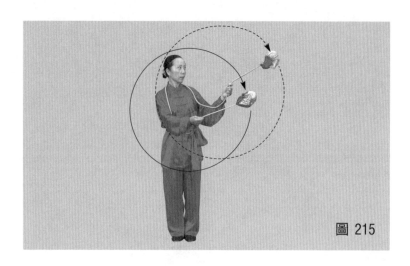

圖 215

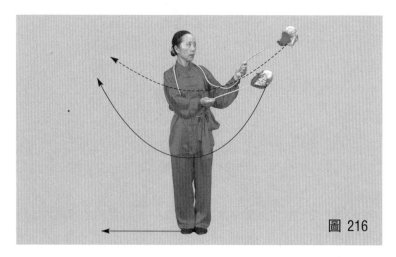

圖 216

5 拍：左腿直起，左腳向右腳併步，身體右轉；同時，兩球從背後向左、向下、向右、向左上在體前掄一圈。（圖 215）

6 拍：兩球順勢在體前再掄一圈。（圖 216）

圖 217

圖 218

　　7拍：右腳向右橫跨一大步，身體右轉；同時，兩球從左向下、向右擺出；目視右側。（圖217）

　　8拍：右腿屈膝，成右弓步；同時，右臂上舉，右手球從前向上，手腕後甩，左手球從左水平向後，手腕扣甩，兩球同時擊打後背；頭左轉，目視左方。（圖218）

圖 219

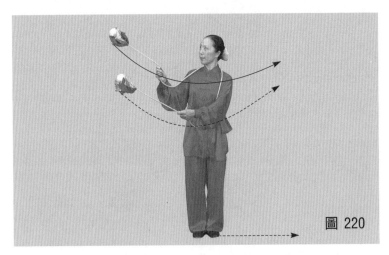

圖 220

2×8拍

2拍：右腿直起，右腳向左腳併步，身體左轉；同時，兩球從背後向右、向下、向左、向右上在體前掄一圈。（圖219）

圖 221

圖 222

2拍：動作同1×8拍第2拍。（圖220）

3拍：動作同1×8拍第3拍。（圖221）

4拍：動作同1×8拍第4拍。（圖222）

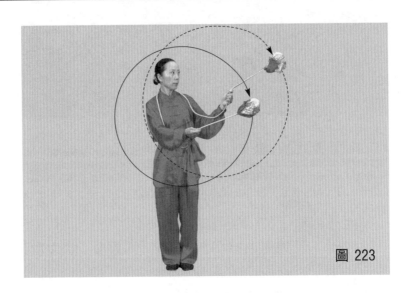

圖223

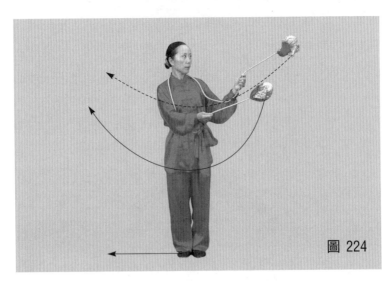

圖224

5拍：動作同1×8拍第5拍。（圖223）

6拍：動作同1×8拍第6拍。（圖224）

圖 225

圖 226

7拍：動作同1×8拍第7拍。（圖225）
8拍：動作同1×8拍第8拍。（圖226）

圖 227

圖 228

3×8拍

3拍：重心左移，右腳回收半步，成左右開立步；同時，兩球從後背向右、向下、向左、向上、向右在體前掄一圈。（圖227）

2拍：兩球順勢在體前再掄一圈。（圖228）

圖 229

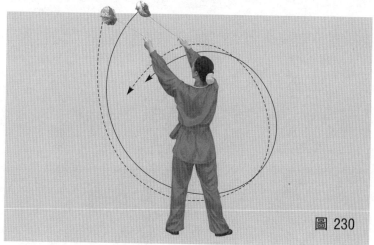

圖 230

3拍：① 重心左移，上體微左轉，右腳向左內扣上步，重心前移至右腿，左腳後跟提起；同時，兩臂伸直，兩球下擺至右後下方；上體右轉；目視雙球。（圖229）

② 上體左轉，兩腳成左右開立步；兩球用腰和臂提力從右後下方隨轉體掄至左上方。（圖230）

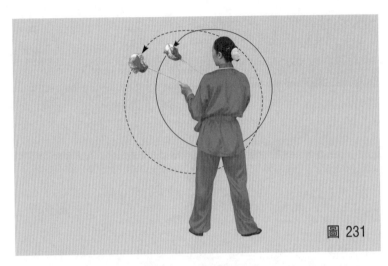

圖231

圖232

4拍：兩球順勢在體前屈臂掄一圈。（圖231）

5拍：兩球順勢在體前再掄一圈。（圖232）

6拍：① 重心右移，上體微右轉，左腳向右內扣上步，重心前移至左腿，右腳後跟提起；同時，兩臂伸直，

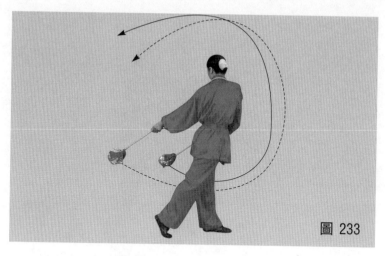

圖 233

圖 234

兩球下擺至左後下方；上體左轉；目視雙球。（圖233）

　　②上體右轉，兩腳成左右開立步；兩球用腰和臂提力從左後下方隨轉體掄至右上方。（圖234）

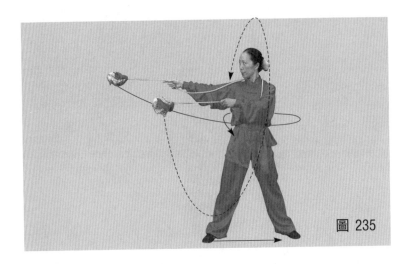

圖 235

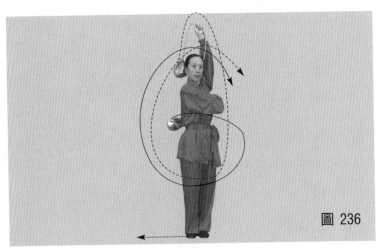

圖 236

　　7拍：兩球順勢在體前直臂掄一圈。（圖235）

　　8拍：右腳向左腳併步；同時，左手球從右向下、向左、向上直臂上舉，手腕後甩，右臂從右經體前向左屈抱於胸前，手腕扣甩，兩球同時擊打背部。（圖236）

圖 237

圖 238

4×8拍

4拍：右腳向右開步；兩球從後背向左、向下、向右、向左上方在體前掄一圈。（圖237）

2拍：兩球順勢在體前再掄一圈。（圖238）

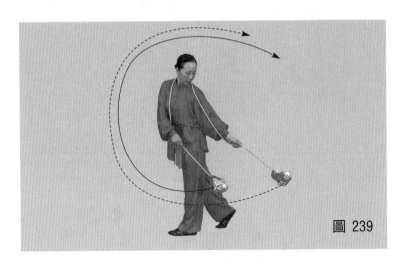

圖239

圖240

3拍：① 重心右移，上體微右轉，左腳向右內扣上
步，重心前移至左腿，右腳後跟提起；同時，兩臂伸直，
兩球下擺至左後下方；上體左轉；目視雙球。（圖239）

② 上體右轉，兩腳成左右開立步；兩球用腰和臂提力

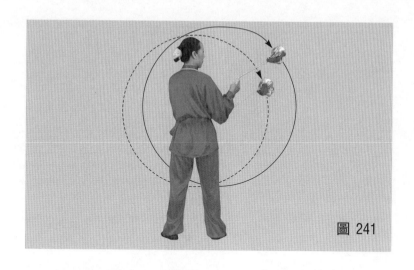

圖 241

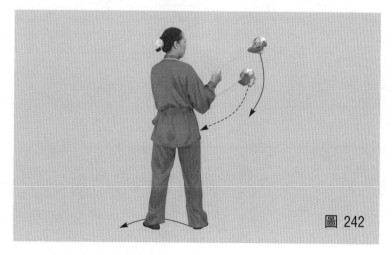

圖 242

從左後下方隨轉體掄至右上方。（圖240）

　4拍：兩球順勢在體前屈臂掄一圈。（圖241）

　5拍：兩球順勢在體前再掄一圈。（圖242）

圖243

圖244

6拍：① 重心左移，上體微左轉，右腳向左內扣上步，重心前移至右腿，左腳後跟提起；同時，兩臂伸直，兩球下擺至右後下方；上體右轉；目視雙球。（圖243）

② 上體左轉，兩腳成左右開立步；兩球用腰和臂提力

圖 245

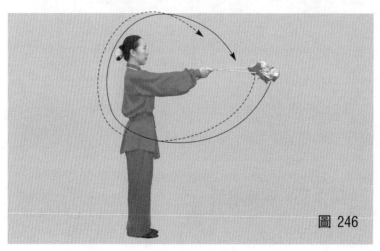

圖 246

從右後下方隨轉體掄至左上方。（圖244）

　7拍：左腳插向右腳後方成插步；兩球從上向下擺至右側，稍高於肩；目視右球。（圖245）

　8拍：上體左轉，左腳向右腳併步；兩球從後向體前擺平。（圖246）

圖 247

圖 248

第九節　車輪滾滾

1×8拍

1拍：接上節。兩球從前向下、向後、向上、向前在身體兩側掄一圈。（圖247）

2拍：兩球順勢在身體兩側再掄一圈。（圖248）

3拍：左腳向前上步，重心前移至左腿，右腳後跟提起；兩前臂在體前交叉（右臂在上），手心朝下，左手球從前向右下、向後，右手球從前向左下、向後，兩球同時

圖 249

圖 250

掄擺。（圖249）

　　4拍：右腳向左腳併步；兩前臂在體前分開，手心朝上，左手球從右後向上、向左側後方，右手球從左後向上、向右側後方，兩球同時掄擺。（圖250）

圖 251

圖 252

　　5 拍：左腳向後退步，重心後移至左腿；兩前臂在體前交叉（右臂在上），左手球從左後向上、向前、向右後方，右手球從右後向上、向前、向左後方，兩球同時掄擺。（圖251）

　　6 拍：右腳向左腳併步；兩臂、兩球動作同 1×8 拍第4拍。（圖252）

　　7 拍：左腳向前上步，重心前移至左腿，右腳後跟提起；兩臂、兩球運動方向同 1×8 拍第3拍。（圖253）

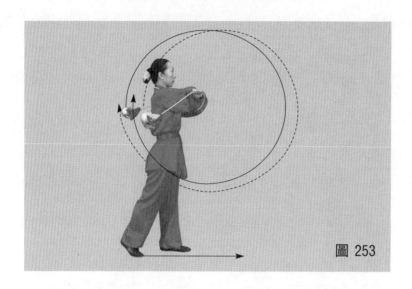

圖 253

圖 254

8拍：右腳向前上步，重心前移至右腿，左腳後跟提起；兩臂、兩球動作同1×8拍第4拍。（圖254）

圖 255

圖 256

2×8拍

2拍：左腳向前上步，重心前移至左腿，右腳後跟提起；兩臂、兩球動作同1×8拍第3拍。（圖255）

2拍：右腳向前上步，重心前移至右腿，左腳後跟提起；兩臂、兩球動作同1×8拍第4拍。（圖256）

3拍：左腳向前上步，重心前移至左腿，右腳後跟提起；兩臂、兩球動作同1×8拍第3拍。（圖257）

4拍：右腳向左腳併步；兩臂向體後分開，兩球從後

圖 257

圖 258

向上、向前、向後下方掄擺。（圖258）

　　（註：1×8拍、2×8拍前4拍共12拍均爲向前進步
正舞花；2×8拍後4拍、3×8拍前6拍共10拍均爲向後退
步反舞花）

圖 259

圖 260

5拍：兩球從後向前、向上、向後在身體兩側掄一圈。（圖259）

6拍：兩球順勢在身體兩側再掄一圈。（圖260）

7拍：右腳向後退步，重心後移至右腿；兩前臂下在體前交叉（右臂在上），手心朝上；左手球從後向下、向右前、向右後，右手球從後向下、向左前、向左後，兩球同時掄擺。（圖261）

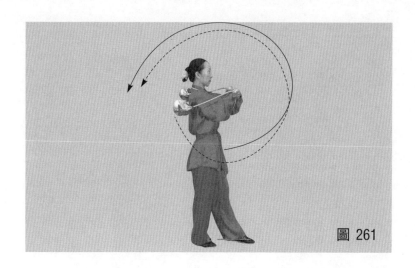

圖 261

圖 262

　　8拍：左腳向右腳併步；兩前臂經下向前分開，左手球從右後向下、向左前、向左後上方，右手球從左後向下、向右前、向右後上方，兩球同時掄擺。（圖262）

圖 263

圖 264

3 × 8 拍

圖 265

3 拍：右腳向前上步，重心前移至右腿，左腳後跟提起；兩臂、兩球動作同 2 × 8 拍第 7 拍。（圖 263）

2 拍：左腳向右腳併步；兩臂、兩球動作同 2 × 8 拍第 8 拍。（圖 264）

3 拍：右腳向後退步，重心後移至右腿；兩臂、兩球動作同 2 × 8 拍第 7 拍。（圖 265）

4 拍：左腳向後退步，腳後跟提起；兩臂、兩球動作同 2 × 8 拍第 8 拍。（圖 266）

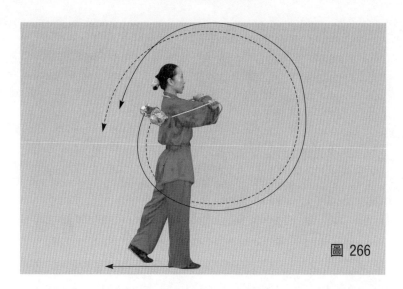

圖 266

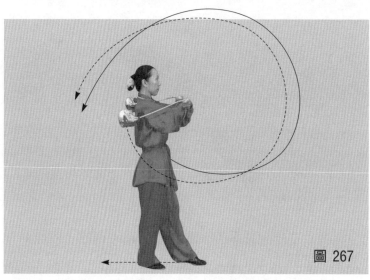

圖 267

　　5拍：右腳向後退步，重心後移至右腿；兩臂、兩球
動作同2×8拍第7拍。（圖267）

圖 268

圖 269

　　6拍：左腳向後退步，腳後跟提起；兩臂、兩球動作同2×8拍第8拍。（圖268）

　　7拍：右腳向後退一大步，上體前傾；兩球向下擺至後方時，兩臂向前伸直，同時低頭，掛在頸部的繩隨兩臂向前伸直而脫掉，兩球從後向前擺平。（圖269）

圖 270

8拍：上體直起，微右轉，左腳回收至體前，腳尖點地；同時，兩手向右直臂拉回，兩球擺至身體右側，右高左低；頭左轉，目視左方。（圖270）

第十節　流星趕月

1×8拍

1拍：① 接上節。右手從右後向上、向左前直臂伸直，手心向下，左臂屈肘在右臂下；右手球從右後向上、向左前上方，左手球從右後向後擺起。（圖271）

② 重心前移至左腿，右腳後跟提起；右手球從左前上向左下、左後、左前上方，左手球從右後下向上、向左前、向左下、向左後方同時同速掄擺；兩臂屈肘，手心朝外，右高、左低分開。（圖272）

圖 271

圖 272

2拍：① 重心後移至右腿，左腳尖點地；左手球從左後向上、向右前，右手球從右前上向下、向左後下同時掄

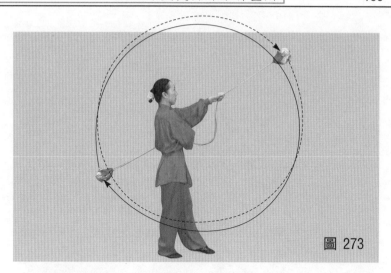

圖 273

圖 274

擺，左臂伸直在上，右臂屈肘在左臂下。（圖273）

　②重心前移至左腿，右腳後跟提起；左手球從左前上向右下、向後、向左前上方，右手球從左後下向上、向右前、向右下、向右後方同時掄擺，兩臂屈肘，左高、右低分開。（圖274）

圖275

圖276

　　3拍：①重心後移至右腿，左腳尖點地；左手球從左前上向下、向右後下方，右手球從右後下向上、向左前上同時掄擺，右臂伸直在上，左臂屈肘在右臂下。（圖275）

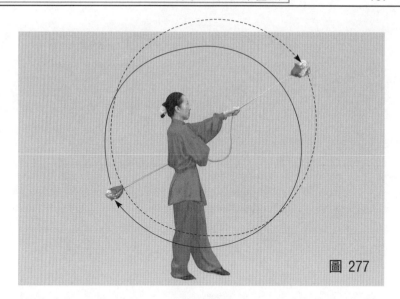

圖 277

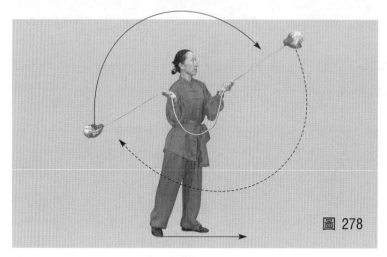

圖 278

② 動作同1×8拍第1拍②。（圖276）

4拍：① 動作同1×8拍第2拍①。（圖277）

② 動作同1×8拍第2拍②。（圖278）

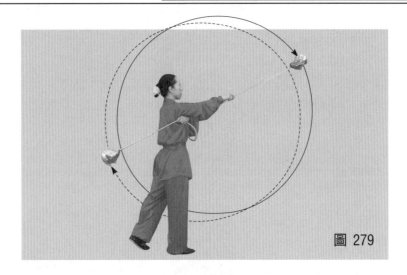

圖 279

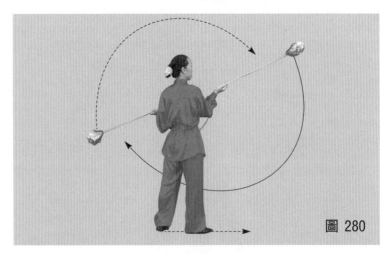

圖 280

5拍：①右腳向前上步，重心前移至右腿，左腳後跟提起；兩臂、兩球動作同1×8拍第3拍①。（圖279）

②重心後移，兩腳成前後開立；兩臂、兩球動作同1×8拍第1拍②。（圖280）

圖 281

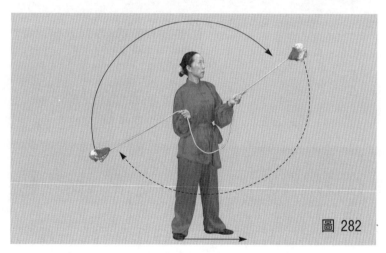

圖 282

6拍：① 左腳向前上步重心前移至左腿，右腳後跟提起；兩臂、兩球動作同1×8拍第2拍①。（圖281）

② 重心後移，兩腳成前後開立步；兩臂兩球動作同1×8拍第2拍②。（圖282）

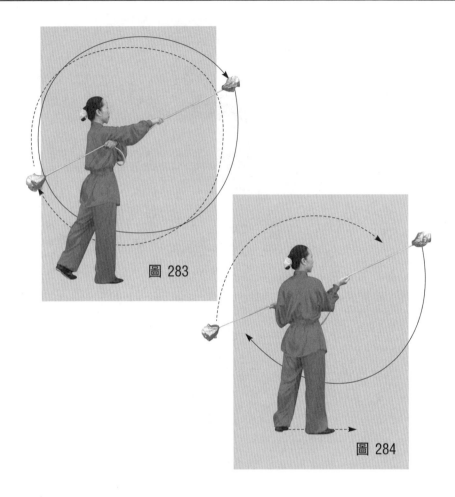

圖 283

圖 284

7拍：① 右腳向前上步，重心前移至右腿，左腳後跟抬起；兩臂、兩球動作同1×8拍第3拍①。（圖283）

② 重心後移，兩腳成前後開立步；兩臂、兩球動作同1×8拍第1拍②。（圖284）

8拍：① 左腳向前上步，重心前移至左腿，右腳後跟提起；兩臂、兩球動作同1×8拍第2拍①。（圖285）

圖 285

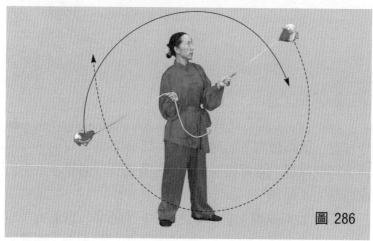

圖 286

②重心後移，兩腳成前後開立步；兩臂、兩球動作同
1×8拍第2拍②。（圖286）

註：1×8拍均爲向前正大舞花；2×8拍均爲向後反大
舞花；3×4拍均爲向前正大舞花。

圖 287

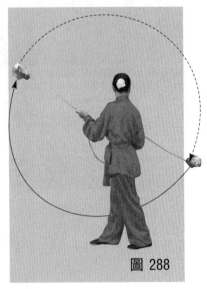

圖 288

2×8拍

2拍：①上體右後轉，兩腳成右前、左後開立步；左手球從上隨轉體向下、向前上，右手球從右下向上、向左後下同時掄擺；兩臂屈肘交叉，左臂在下，右臂在上；目視右球。（圖287）

②上體右後轉；左手球從前上向右後下、向前上，右手球從左下向下、向前上、向右後下方同時掄擺；兩臂屈肘，左高、右低分開，目視右球。（圖288）

2拍：①左手球從前上向上、向右後下，右手球從右下向下、向前上同時掄擺；兩臂屈肘交叉，右臂在下，左臂在上；目視右球。（圖289）

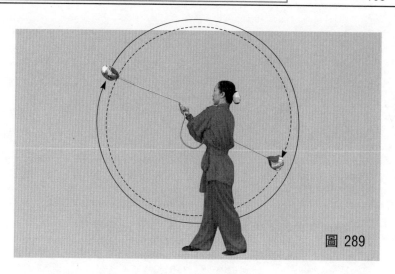

圖289

圖290

　　②身體左後轉；左手球從右後向下、向前、向左上、向左後下，右手球從前向上、向左後、向下、向前上同時掄擺；兩臂屈肘，右高、左低分開；目視右球。（圖290）

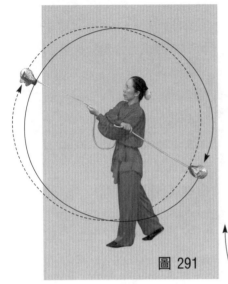

圖 291

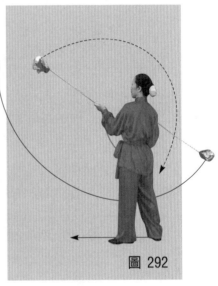

圖 292

3拍：① 左腳向前上步，重心前移至左腿，右腳後跟提起；左手球從左後下向前上，右手球從右上向上、向左後下同時掄擺；兩臂屈肘交叉，左臂在下，右臂在上；目視左球。（圖291）

② 重心後移，兩腳成前後開立步，上體右後轉；兩臂、兩球動作同2×8拍第1拍②。（圖292）

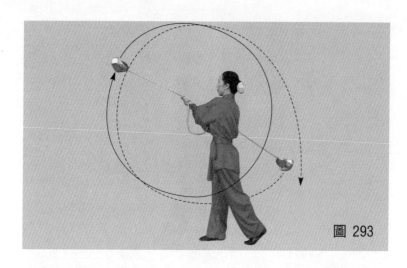

圖 293

圖 294

4拍：① 右腳向前上步，重心前移至右腿，左腳後跟提起；兩臂、兩球動作同2×8拍第2拍①。（圖293）

② 重心後移，兩腳成前後開立步，上體左後轉；兩臂、兩手動作同2×8拍第2拍②。（圖294）

圖 295

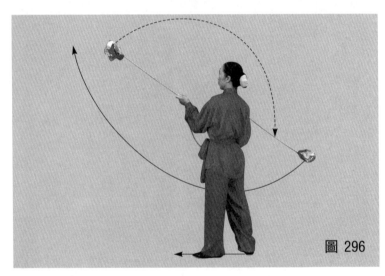

圖 296

5拍：① 動作同2×8拍第3拍①。（圖295）
　　　② 動作同2×8拍第3拍②。（圖296）

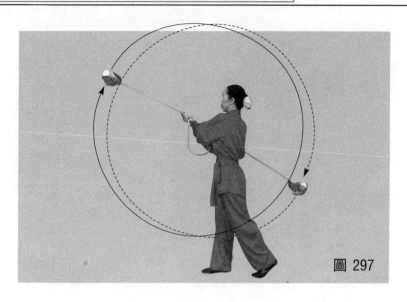

圖 297

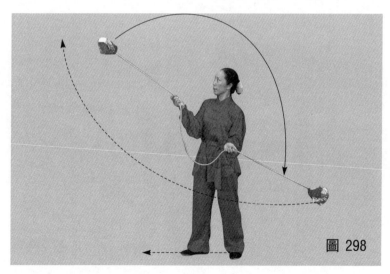

圖 298

6拍：① 動作同2×8拍第4拍①。（圖297）
② 動作同2×8拍第4拍②。（圖298）

圖 299

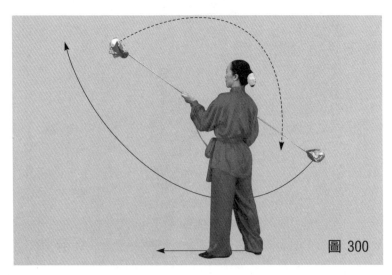

圖 300

7拍：① 動作同2×8拍第3拍①。（圖299）

② 動作同2×8拍第3拍②。（圖300）

圖301

圖302

8拍：① 動作同2×8拍第4拍①。（圖301）

② 動作同2×8拍第4拍②。（圖302）

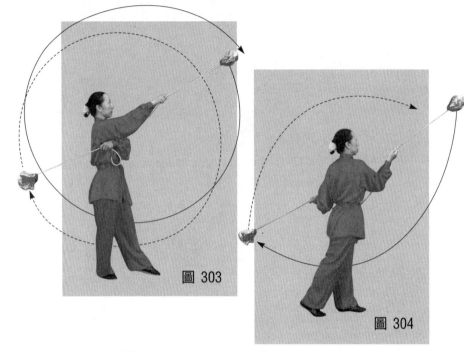

圖303

圖304

3×4拍

3拍：① 身體左後轉（面東），兩腳左前、右後，重心在右腿，左腳尖點地；左手球隨轉體從前向右後下，右手球從右後上向左前上同時掄擺；右臂在上，左臂在下。（圖303）

② 重心前移至左腿，右腳後跟提起；左手球從右後下向右上、向前、向左下、向左後，右手球從前上向左下、向左後、向上、向前上同時掄擺；兩臂屈肘，右高、左低分開。（圖304）

2拍：① 重心後移至右腿，左腳尖點地；左手球從左後向左上、向前上，右手球從前上向左下、向左後同時掄擺；左臂伸直在上，右臂屈肘在下。（圖305）

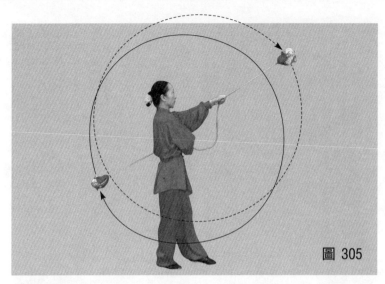

圖 305

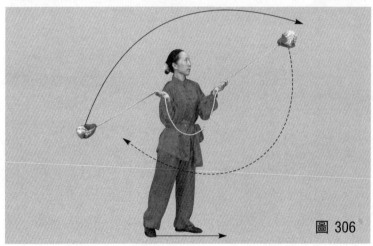

圖 306

②重心前移，兩腳成前後開立步；左手球從前上向右下、向右後、向上、向左前上，右手球從左後向左上、向前、向右下、向右後下同時掄擺；兩臂屈肘，左高、右低分開。（圖306）

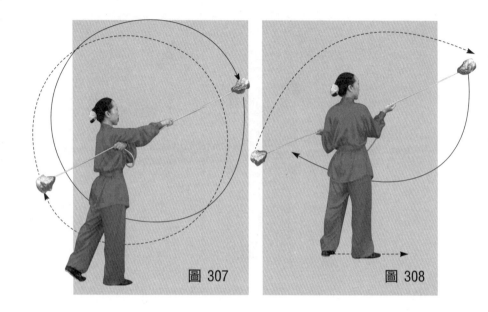

圖 307　　　　　　　　圖 308

　　3拍：① 右腳向前上步，重心前移至右腿，左腳後跟
提起；左手球從前上向右下、向右後下，右手球從右下向
上、向前上同時掄擺；右臂伸直在上，左臂屈肘在下。
（圖307）

　　② 重心後移，兩腳成前後開立步；左手球從右後下向
右上、向前、向左下、向左後下，右手球從前上向左下、
向左後、向左上、向前上同時掄擺；兩臂屈肘，右高、左
低分開。（圖308）

　　4拍：① 左腳向前上步，重心前移至左腿，右腳後跟
提起；左手球從左後下向左上、向前上，右手球從前上向
左下、向左後同時掄擺；左臂伸直在上，右臂屈肘在下。
（圖309）

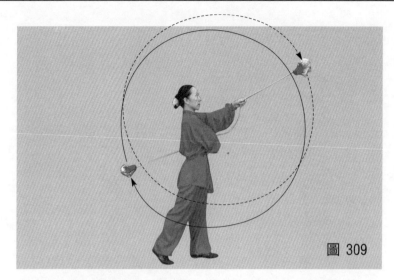

圖 309

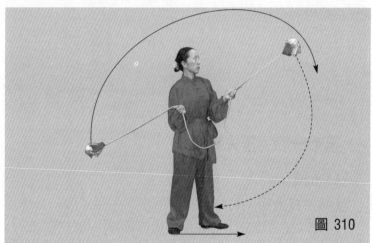

圖 310

　　② 重心後移，兩腳成前後開立步；左手球從前上向右下、向右後、向右上、向前上，右手球從左後向左上、向前、向右下、向右後同時掄擺；兩臂屈肘，左高、右低分開。（圖310）

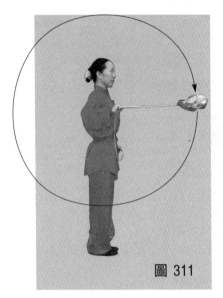

圖 311

圖 312

第十一節　玉兔追星

1×8拍

1拍：接上節。右腳向左腳併步；左手球收於身體左側，右手球從右後向上、向前在體側前掄一圈，前掄時右手變成扣握。（圖311）

2拍：兩腳不動；右手球順勢在身體右側再掄一圈。（圖312）

3拍：右腳向後退步；右手球從前向後、向上、向前放繩再掄一圈。（圖313）

圖 313

圖 314

　　4拍：左腳後插，腳跟提起成後插步，上體右轉；同時，右手球從前向下、向後上方直臂放出；目視右球。（圖314）

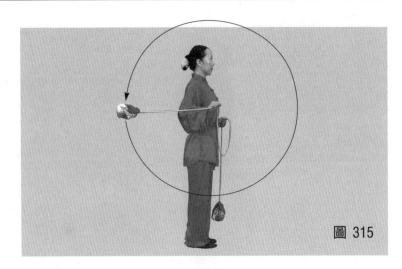

圖 315

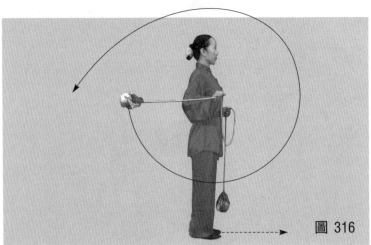

圖 316

5拍：左腳向右腳併步，上體左轉；右手球從後上向下、向前、向上、向後在體側屈臂後掄一圈。（圖315）

6拍：兩腳不動；右手球順勢再掄一周。（圖316）

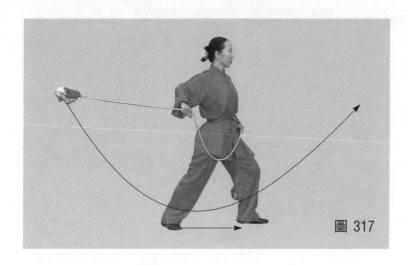

圖 317

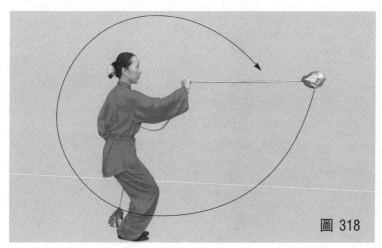

圖 318

　7拍：左腳向前上步；右手球從後向下、向前、向上、向後屈臂，右手後引後掄一圈。（圖317）

　8拍：右腳向左腳併步，兩腿屈膝；同時，右手球從後向前直臂平直放出。（圖318）

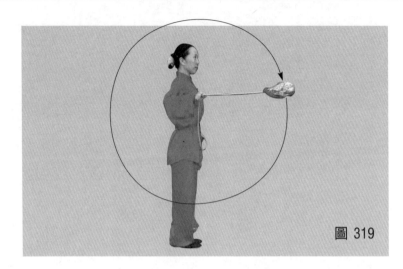

圖 319

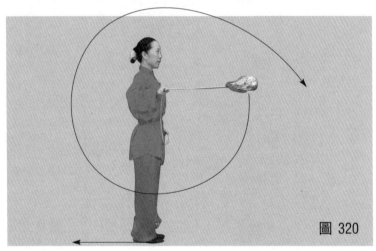

圖 320

2×8拍

2拍：兩腿直起；右手球從前向下、向後、向上、向前在體側屈臂掄一圈。（圖319）

2拍：同1×8拍第2拍。（圖320）

圖 321

圖 322

　　3拍：動作同1×8拍第3拍。（圖321）
　　4拍：動作同1×8拍第4拍。（圖322）

圖 323

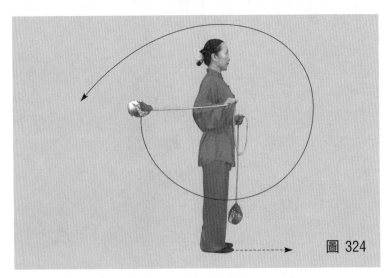

圖 324

5拍：動作同1×8拍第5拍。（圖323）

6拍：動作同1×8拍第6拍。（圖324）

圖 325

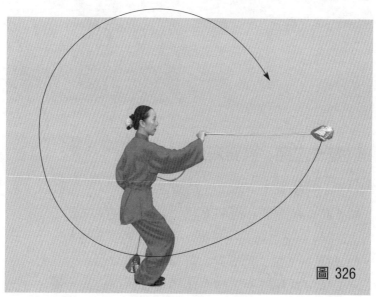

圖 326

7拍：動作同1×8拍第7拍。（圖325）
8拍：動作同1×8拍第8拍。（圖326）

圖 327

圖 328

第十二節　蝶舞滿庭

1×8拍

1拍：接上節。兩腿直起；左手球在體左側下方，右手球在前，左手向左後拉繩，使繩收短，球從前向下、向右、向左掄一圈；隨即向右轉體。（圖327）

2拍：兩腳併步；右手球順勢在體前再掄一圈。（圖328）

3拍：兩腳併步；右手球順勢在體前再掄一圈。（圖329）

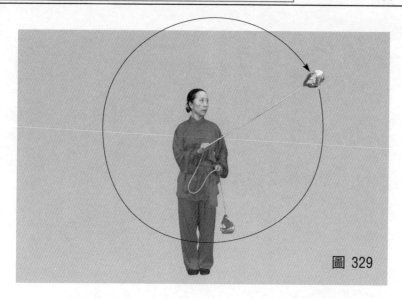

圖 329

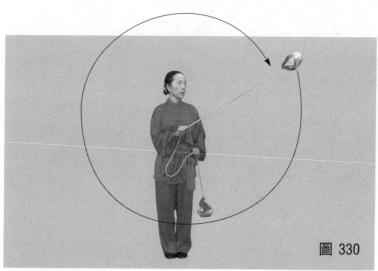

圖 330

　　4拍：兩腳併步；右手球順勢在體前再掄一圈。（圖
330）

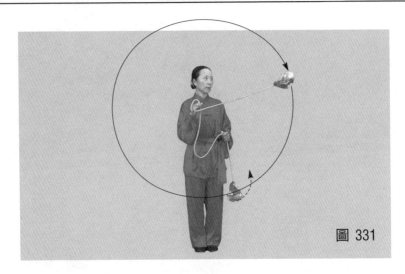

圖331

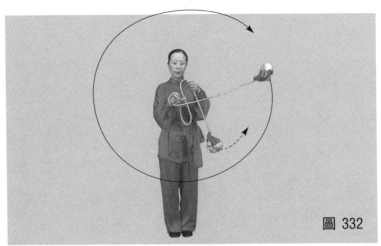

圖332

　　5拍：兩腳併步；右手球繼續順勢在體前掄一圈，右手張開，纏繩在手掌中，使繩收短。（圖331）

　　6拍：兩腳併步；右手球繼續順勢在體前掄一圈，左手繩收一節交與右手，使左手繩收短。（圖332）

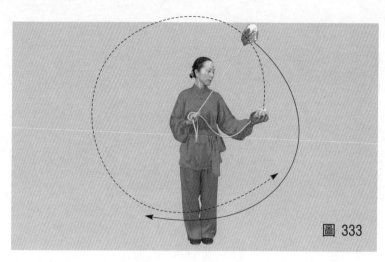

圖 333

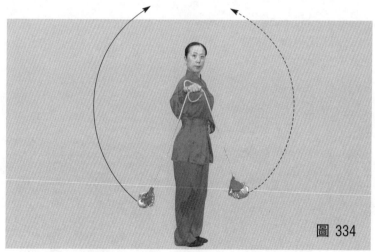

圖 334

7拍：兩腳併步；右手球繼續順勢在體前掄一圈，左手心朝上握球。（圖333）

8拍：上體左轉，兩腳隨轉；當右手球從右擺至左上方時，左手球向右上方拋出，兩球同時劃外弧向下，交叉掄圈。（圖334）

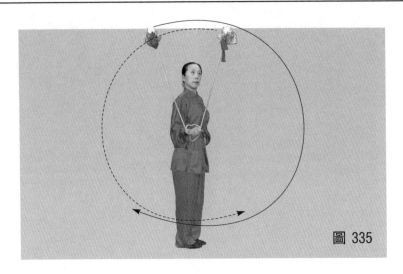

圖 335

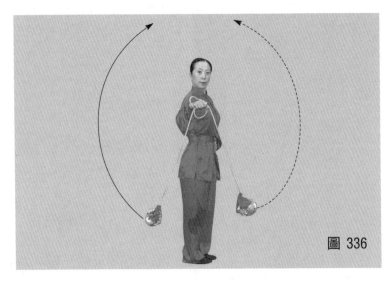

圖 336

2×8拍

2拍：①兩腳併步；兩球順勢上掄至頭上方。（圖
335）

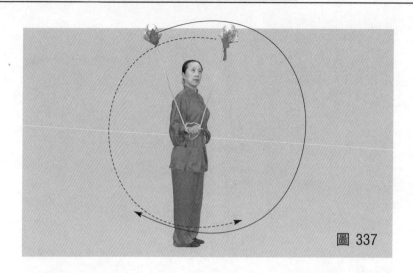

圖 337

圖 338

② 兩腳併步；兩球順勢交叉下掄至下方。（圖336）

2拍：① 動作同2×8拍第1拍①。（圖337）

　　　② 動作同2×8拍第1拍②。（圖338）

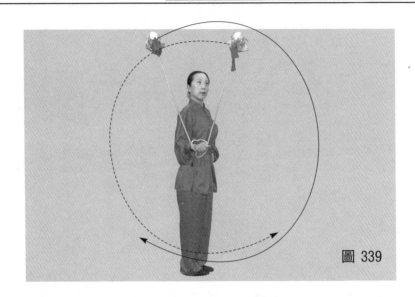

圖 339

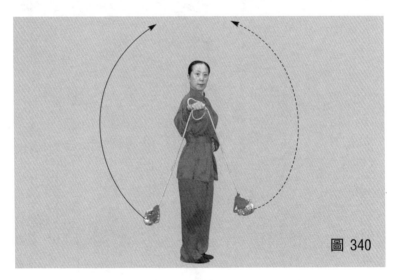

圖 340

3拍：① 動作同2×8拍第1拍①。（圖339）
② 動作同2×8拍第1拍②。（圖340）

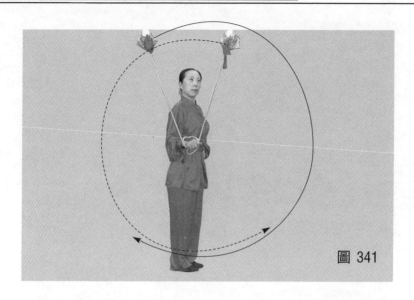

圖341

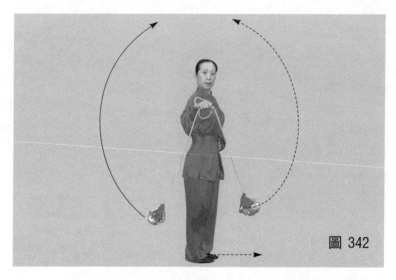

圖342

4拍：① 動作同2×8拍第1拍①。（圖341）
　　　② 動作同2×8拍第1拍②。（圖342）

圖 343

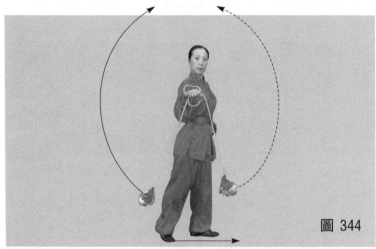

圖 344

5拍：① 左腳向前上步，重心在右腿，左腳尖點地；
兩球順勢上掄至頭上方。（圖343）

② 重心前移至左腿，右腳後跟提起；兩球順勢交叉下
掄至下方。（圖344）

圖 345

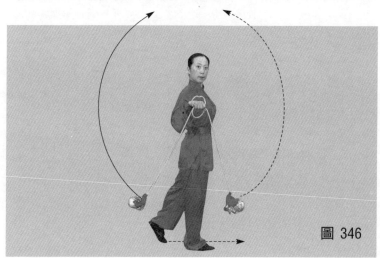

圖 346

6拍：① 右腳向前上步，重心在左腿，右腳尖點地；兩球動作同2×8拍第5拍①。（圖345）

② 重心移至右腿，左腳後跟提起；兩球動作同2×8拍第5拍②。（圖346）

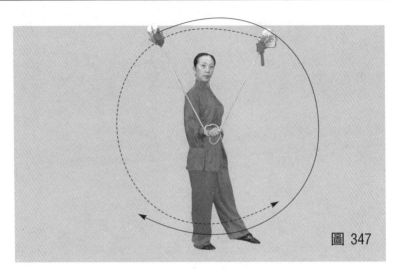

圖 347

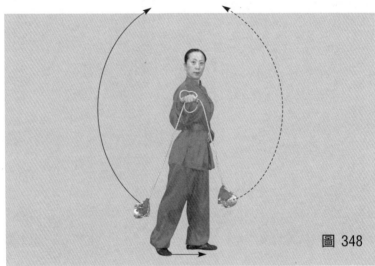

圖 348

7拍：① 動作同2×8拍第5拍①。（圖347）

　　　② 動作同2×8拍第5拍②。（圖348）

8拍：①右腳向左腳併步；兩球動作同2×8拍第5拍

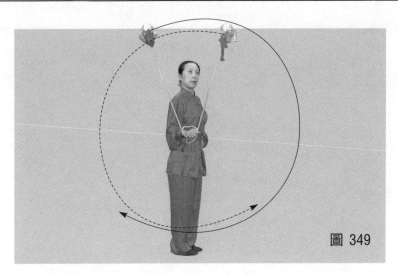

圖 349

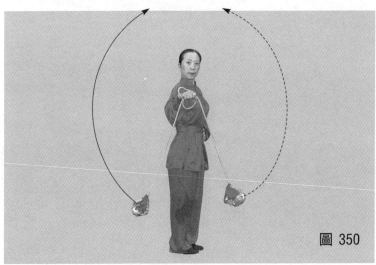

圖 350

①。（圖349）

　②兩腳併步；兩球動作同2×8拍第5拍②。（圖350）

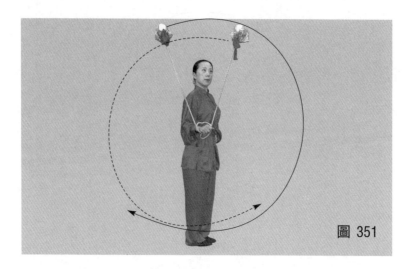

圖 351

圖 352

3×8拍

3拍：① 兩腳併步；兩球順勢上掄至頭上方。（圖 351）

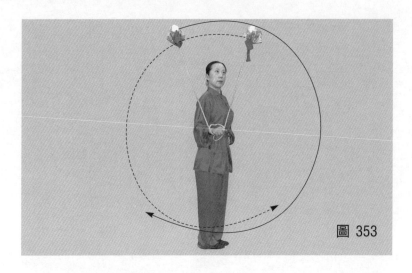

圖 353

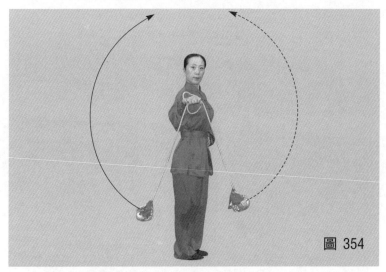

圖 354

② 兩腳併步；兩球順勢交叉下掄至下方。（圖352）

2拍：① 動作同3×8拍第1拍①。（圖353）

② 動作同3×8拍第1拍②。（圖354）

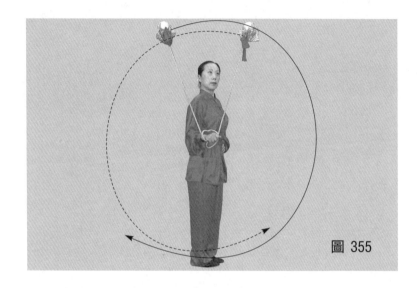

圖 355

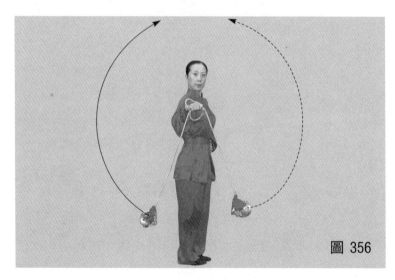

圖 356

3拍：① 動作同3×8拍第1拍①。（圖355）
　　　② 動作同3×8拍第1拍②。（圖356）

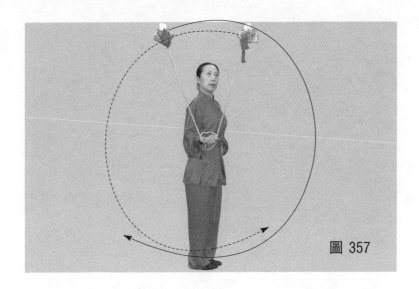

圖 357

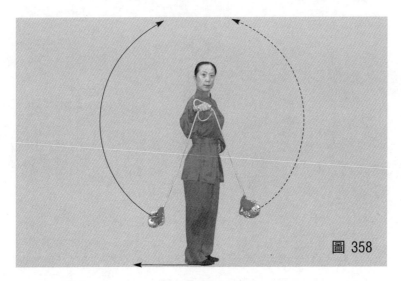

圖 358

4拍：① 動作同3×8拍第1拍①。（圖357）
　　　② 動作同3×8拍第1拍②。（圖358）

圖 359

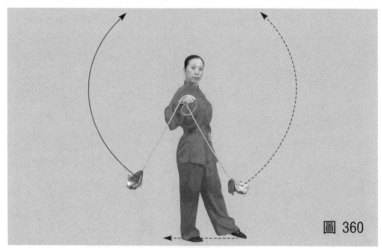

圖 360

5拍：① 右腳向後退步，腳跟提起，重心在左腿；兩球動作同3×8拍第1拍①。（圖359）

② 重心後移至右腿，左腳尖點地；兩球動作同3×8拍第1拍②。（圖360）

圖 361

圖 362

6拍：① 左腳向後退步，腳跟提起，重心在右腿；兩球動作同3×8拍第1拍①。（圖361）

②重心後移至左腿，右腳尖點地；兩球動作同3×8拍第1拍②。（圖362）

圖 363

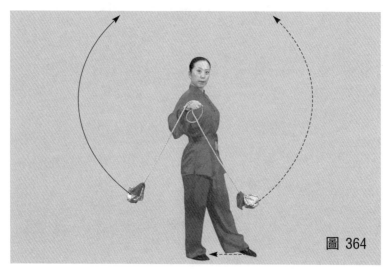

圖 364

7拍：① 動作同3×8拍第5拍①。（圖363）

　　　② 動作同3×8拍第5拍②。（圖364）

8拍：① 左腳向右腳併步；兩球動作同3×8拍第1拍

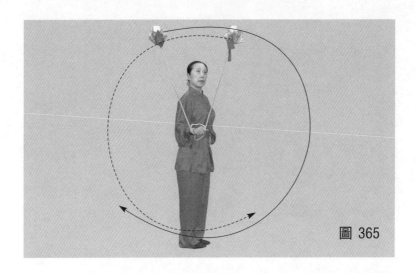

圖 365

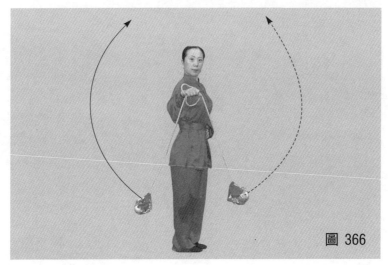

圖 366

①。（圖 365）

　②　兩腳併步；兩球動作同 3×8 拍第 1 拍②。（圖 366）

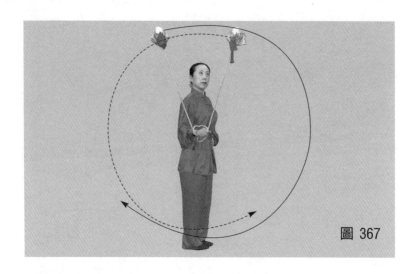

圖 367

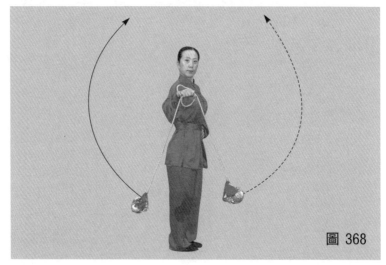

圖 368

4×8拍

4拍：

① 兩腳併步；兩球順勢上掄至頭上方。（圖367）

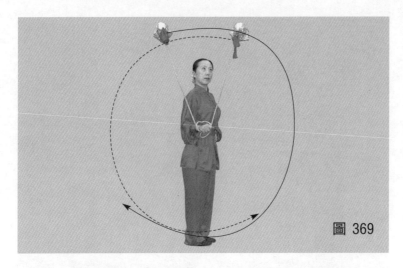

圖 369

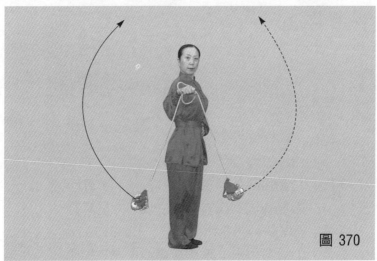

圖 370

② 兩腳併步；兩球順勢交叉下掄至下方。（圖368）

2拍：① 動作同4×8拍第1拍①。（圖369）

② 動作同4×8拍第1拍②。（圖370）

圖 371

圖 372

3拍：① 動作同4×8拍第1拍①。（圖371）

② 動作同4×8拍第1拍②。（圖372）

4拍：動作同4×8拍第1拍①。（圖373）

5拍：①兩腳併步；兩球緩慢從上向下時似停，左手從腰側前擺，手心向上，接住從右側下方擺來的球；右手球從左上自然擺至右後方。（圖374）

② 左腳向左前方上步，重心前移；左手握球與右手球同時向身體兩側後擺；目視左手。（圖375）

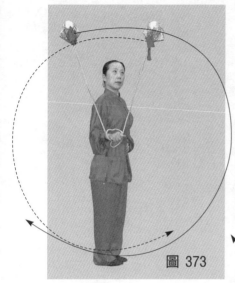

圖 373

圖 374

圖 375

圖 376

圖 77

6拍：左腿前屈成左弓步；同時，左手球收於腰側，右手球向前拋出，同肩平。（圖376）

7拍：弓步不動；右臂屈肘，右手腕上屈抖腕，右手球從前劃上弧收握在手中。（圖377）

圖 378

圖 379

8拍：上體右轉，右腿前屈成右弓步；同時，左手握球從腰側屈臂抬起，手心朝下，向右平擺，經體前收抱於胸前；右手球收於腰側；目視前方。（圖378）

收 勢

1、2拍：重心前移，右腿直起，上體左轉，左腳向前伸出，腳尖點地；同時，左手球收於腰側，右手球直臂向上舉起；目視左前方。（圖379）

圖 380

圖 381

3、4拍：右腳向左腳併步（面南）；右手球收於腰側；目視前方。（圖380）

5、6拍：兩球從腰側向下垂於身體兩側；目視前方。（圖381）

（註：收勢有兩種：①原地收勢如圖解；②蝶舞花完成前進、後退以後，不停，左手上舉，在樂曲中擺手下場。）

大展好書　好書大展

品嘗好書　冠群可期